Strategiguide för Industridesigner

CURT LANDIN

EN GUIDE TILL UPPDRAG

En orientering kring grundläggande synsätt och metoder inom
företagsledning, marknadsföring och försäljning så du kan bli delaktig
i de strategiska besluten med din industridesignkompetens.

Det är bättre att du förstår hur dom tänker än att försöka förklara
vad du gör.

INNEHÅLL

Sagt om design i

1 Det är du som skapar världen 1

2 Hur företag styrs 6

3 Fem inriktningar till uppdrag 14

4 Förändring innebär möjlighet 19

5 Formeln för framgång 27

6 En mix för att nå ut 47

7 Tre konkurrensstrategier 57

8 Hur du tar dig till besluten 65

9 Hur mycket vill du ha i lön? 71

10 Alla är vi olika. Du också. 76

11 Från okänd till uppdrag 82

12 Din pitch 91

13 Hur du styr samtal 94

14 Hur du säljer utan att "sälja" 102

15 Hur du genomför kundbesök 108

16 Offerten 115

17 En marknadsplan för dig 122

Om författaren 125

Referenslitteratur 126

Egna anteckningar 128

SAGT OM DESIGN

www.clientsfromhell.net
used by permission

1

DET ÄR DU SOM SKAPAR VÄRLDEN

Du och jag vet, men dom flesta utanför vår lilla sfär av industridesigners, konstruktörer, innovatörer och några av dom man gemensamt kanske kan kalla "företagens vänner" har ingen aning om vilken fantastisk verktygslåda du besitter. Många har naturligtvis "ett hum" om det, men ser ändå bara delar av din fulla kraft. Du kan påverka i stort sett allt som handlar om tingen kring oss, oavsett var i samhället - inledningsvis är det bara din fantasi som sätter gränserna.

När du väljer former, uttryck, material, känsla, hållbarhet, yta, funktioner, tillverkningsmetoder och mycket annat för en produkt påverkar du samtidigt vilka som kan och vill använda den. Dina beslut får även betydelse för hur sakerna förpackas, distribueras och hanteras, för prisnivåer, målgrupper och marknadsval, för företagens affärsstrategier och för vad som kommuniceras till världen om de skapelser du utformat.

Dina val avgör i vilka sammanhang sakerna kommer finna sin plats i tillvaron, det du åstadkommer kan medverka till att produkten stärker användarens identitet, förenklar människors tillvaro eller gör det möjligt för någon att nå sina mål. Din insats i produktutvecklingsprocesser kan också rädda människors liv, ge arbetstillfällen så att företag växer, befolkar en bygd och bidrar meningsfullt på Så. Många. Områden.

Så länge jag känt industridesigners, det är om jag minns rätt sedan 1985, har nästa alla oavsett ålder och erfarenhet svarat på ungefär samma sätt på den vanligaste frågan i världen, "vad jobbar du med?" Efter att dom nämnt industridesign kommer det ofta, utan andhämtning mellan, varianter på temat: *"en industridesigner formger produkter för industriell... [bla, bla, bla]"* och så följer en lång förklaring om vad industridesign är.

Gör inte det. Du kan omöjligen förklara för världen att du är Gud.

Grundtanken med den här boken

Det är bättre att du förstår hur dina uppdragsgivare tänker, snarare än att försöka förklara för dom vad du gör.

Min övertygelse är att du själv bättre kan se när, var och hur du kan bidra med din kompetens än vad du vanligtvis får möjlighet till när någon annan, med begränsade kunskaper om vad en industridesigner kan göra, ska formulera dina uppdrag. Jag menar att Sveriges industridesigners inte tillnärmelsevis används i sin fulla potential.

Därför den här boken.

"Vi gillar verkligen designen, men kan du ändra på den?"

Med "dom" menar jag främst personer som arbetar på marknads- & säljsidan i företagen. Det kan vara VD, marknadschef, försäljningschef eller andra beslutsfattande personer med liknande roller som har betydelse för dig, dina uppdrag, anställning och de produkter du utvecklar.

Du kommer förstås inte lära dig läsa någons tankar, men min ambition är att du på ett enkelt och lättfattligt sätt ska förstå och kunna tillämpa en del grundläggande synsätt, metoder och redskap som används inom företagsledning, marknadsföring och försäljning så att du själv kan bidra till de strategiska diskussionerna med din kompetens från fler perspektiv.

Självklart finns det fler än de redan nämnda som har talan i frågan, t ex produkt- & produktionschefer, inköpsansvariga, styrelsemedlemmar, inofficiella ledare, konsulter och testpersoner. Andra yrkesgrupper gör också underverk! Vi kommer in på det längre fram, men den här boken utgår från dig.

Vi går igenom hur du kan tillföra mervärde på en rad olika sätt före, under och efter produktutvecklingsprocessen pågår och hur du kan göra för att få tillträde till och bli delaktig i de strategiska val företag gör för att förhoppningsvis med tiden bli en ständig samtalspartner till dina uppdragsgivare.

För varje område som diskuteras i boken finns det genier som ägnat sitt liv åt detaljerna, så om du vill fördjupa dig står internet till förfogande liksom en lista med referenslitteratur i eftertexterna. Boken är inte heltäckande på något sätt. Det finns andra modeller, verktyg och teorier man kan använda i liknande syften. Det finns också gott om generaliseringar och svepande formuleringar som inte nödvändigtvis stämmer i varje situation och sammanhang. Ambitionen är inte att du ska lära dig allt om marknadsföring eller bli marknadsförare.

Tanken är att du ska få en guide till de viktiga besluten i företag och ta dig fram till uppdrag på nya sätt.

Jag ser det som en orienterare. Om du läser boken och gör dina uppgifter väl får du en överblickbar karta och en bana med några kontroller på din väg mot uppdrag, men vägvalen beslutar du om själv. Det här är ingen raketvetenskap.

För vem ?

Du är eller ska bli industridesigner. Du kan vara studerande eller nyligen utexaminerad. Kanske är du redan igång i din yrkesroll och återfinns i eget företag, i någon designkonstellation eller är anställd. Även rutinerade rävar i branschen kan hitta nya infallsvinklar till uppdrag och få bättre argumentering för sina tjänster.

Upplägget är enkelt: en kort introduktion följt av någon eller några uppgifter som du gör med dig själv eller din produkt i tankarna... men inget händer om du bara läser. Använd boken praktiskt. Stryk under, rita och skriv i marginalerna, skissa på tankar och idéer, precis som du gör då du designar. Gör det för att kunna se din väg framför dig. Gör det för att kunna välja rätt. Gör det för att agera enligt din plan. Då kan du nå ditt mål som kan vara industridesignuppdrag, produktlansering eller anställning som industridesigner. För dig som siktar mot det sistnämnda bör väl nämnas att det här inte är någon guide till hur man söker jobb, men väl visar på många nya sätt att öka ditt värde för arbetsgivare.

Använd gärna boken så att säga i skarpt läge, med din egen verklighet som utgångspunkt. Därför är mitt råd att du inledningsvis väljer om du tänker dig: a) "dig själv som industridesigner", alltså för att få industridesignuppdrag genom eget företag, b) komma ut med en egendesignad produkt på marknaden, eller c) få jobb som anställd industridesigner. Försök sedan hålla den valda tankelinjen boken igenom.

Nu åker vi.

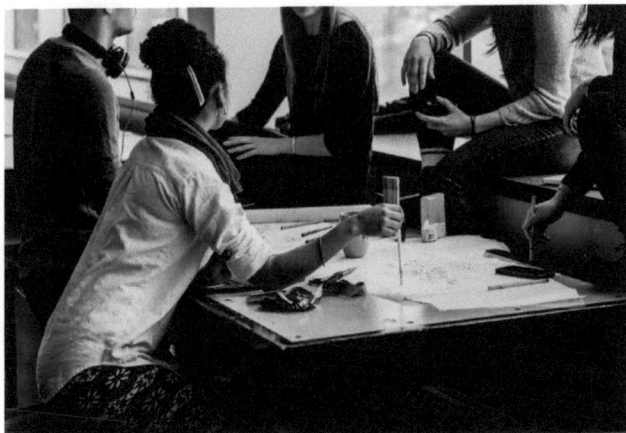

2
HUR FÖRETAG STYRS

Om du vill vara med och påverka behöver du kunna orientera dig i sammanhangen, så vi inleder med en övergripande beskrivning av hur företag planerar och styrs. Managementvärlden innehåller många mumbo-jumbo termer som kan betyda allt möjligt och lite till. Jag försöker undvika det men en del är svårt att komma ifrån.

De flesta företag har en tanke om vilket slags värde man tänker sig skapa för en eller flera tilltänkta kundgrupper. Kanske har man också målat en lockande vision om var man vill ha nått på lite sikt, typ 5-10 år in i framtiden. Så man har en affärsidé och en produktportfölj, sätter upp mål som bryts ner i delmål och skapar handlingsplaner för att styra och komma dit man vill med firman. Sammantaget kan vi kalla det en **affärsmodell**. Låt oss se lite på det från ditt perspektiv.

Olika beslutsnivåer

Vem som bestämmer om vad och vilka slags beslut det handlar om har betydelse för dig om du vill bli anlitad. Vi talar om beslut med olika tidshorisonter för att anpassa företaget till en omvärld i ständig förändring. Det handlar om företagens kamp för att överleva på marknaden och de beslut dom tar för att skapa och utveckla **konkurrensfördelar**, d.v.s. sådant som man är bättre på än andra och som ger företaget tillväxt, medarbetarna en försörjning och förhoppningsvis dig uppdrag.

Strategiska beslut är mer långsiktiga till sin natur, gäller över en längre tid och kan vara svåra att backa ifrån. Hur lång tid det handlar om varierar mellan branscher och vad beslutet rör. Vanligt är väl att det handlar om beslut som avses att stå sig i vart fall 3-5 år, men det kan naturligtvis vara mycket längre. Den här typen av beslut får konsekvenser. Förhoppningsvis mest positiva, men är ofta förknippade med en betydande risk. Det kan handla om större investeringar, t ex i industriell produktionsutrustning, men kan också vara mindre kostsamma fast "synliga" beslut som t ex varumärken, företagsimage, vilka system man ska använda för att nå framgång eller vilka grundläggande behov man ska tillgodose för kunderna och hur man ska organisera sitt företag i det syftet.

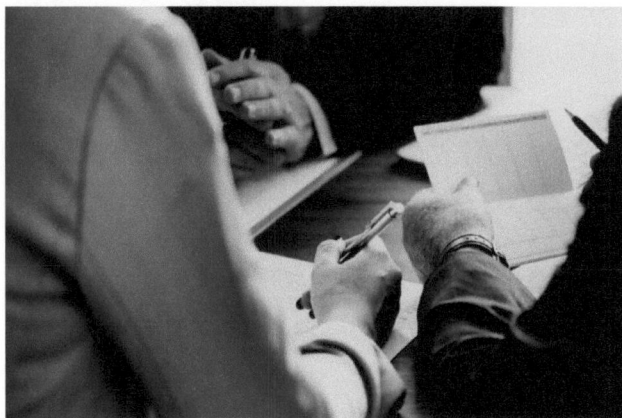

Allt detta är bara några exempel på långsiktiga, strategiska beslut som alla företag måste ta.

Produktutveckling och industridesign hör vanligtvis hit så det är i huvudsak på den strategiska nivån vi kommer att röra oss.

Taktiska beslut är mer snabbrörliga och handlar mer konkret om hur man ska gå tillväga i olika situationer, oftast inom rådande budgetår. Exempelvis lansera ett antal events eller kampanjer för att öka försäljningen, om man ska sänka eller höja priset när en konkurrent etablerar sig eller om man ska erbjuda andra förmånliga villkor under en begränsad tid. Därutöver kan man se **operativa beslut**, som är de vardagliga besluten som tas för att verksamheten ska fungera optimalt, och **personliga beslut** som är de val medarbetarna gör för att genomföra sina arbeten på bästa sätt. Vi kommer inte fördjupa oss nämnvärt i de senare tre nivåerna.

Den som ansvarar för ett visst område har vanligtvis en plan för genomförande som mer eller mindre omfattande beskriver nuläget, vilka aktiviteter man ska göra för att nå målen och hur det ska följas upp under tiden att så sker.

Affärsplanering

	NULÄGE	MÅL	AKTIVITETER	UPPFÖLJNING
STRATEGISKT	AFFÄRSPLANEN			
TAKTISKT				
OPERATIVT		FUNKTIONSNIVÅ (marknadsplan, produktionsplan etc.)		
PERSONLIGT				

Den översta nivån handlar om de strategiska besluten som tas av företagets ledning. Där beskrivs hur man tänker sig genomföra den affärsmodell man tillämpar,vilket utgör företagets **affärsplan**. Den taktiska nivån formuleras i marknadsplaner, produktionsplaner, försäljningsplaner m.m. som hanteras av respektive chefer med sina grupper, medan operativa och personliga beslut tas av de som berörs i den vardagliga verksamheten.

Problemet med affärsplaner är att dom sällan fungerar, i varje fall inte särskilt länge. Som många framgångsrika entreprenörer vet är tillvaron inte så statisk att man bara kan göra en plan och genomföra den. Man måste anpassa sig, justera sina planer, behålla det som fungerar samtidigt som man lägger till nytt för att vinna matchen. Det innebär goda möjligheter för dig att få nya uppdrag, under förutsättning att du har en bra dialog med organisationen så du känner av svängningarna och själv håller lite koll på hur vindarna blåser i branschen.

"Ja, självklart, du är designern. Men jag tycker..."

För även om sådant som en industridesigner arbetar med vanligen är av långsiktig, strategisk karaktär kan du vara säker på att dom som jobbar med kortare puckar hos uppdragsgivaren kommer ha åsikter om det du gör. Du skapar prylar som i någon form passerar deras värld innan kunden får det i sin ägo. Om du talar med flera berörda i organisationen kan du undvika en del problem och även hitta lösningar på problem eller behov du kanske inte ens var medveten om fanns. Så går du förmodligen redan tillväga i användarstudier under produktutvecklingsarbete, men om det är okej för uppdragsgivaren rekommenderar jag att du tar en runda internt i företaget också, innan du lämnar några förslag.

Många gånger fattas nämligen viktiga beslut i företag inte enbart på logiska grunder. Det kan ligga känslomässiga eller personliga skäl bakom, eller finnas andra orsaker som gör att den som har det formella mandatet inte vill gå emot sin grupp. Beslut av strategisk natur som nya produkter, förändrad utformning, andra användningsområden m.m. har ofta en hel grupp av personer involverade. Bland dom som har påverkansmöjlighet i frågan kan det då mycket väl vara så att endast en person har den egentliga behörigheten att tacka ja till din offert/förslag. Men vem som helst av dom andra kan säga nej - och då blir det kanske inget.

Dessutom, ju fler du har en god relation med på olika beslutsnivåer i organisationen, desto starkare blir din ställning gentemot konkurrenter som vill ta sig in på ditt revir.

Fler som hjälper till

Vad är det för skillnad på marknadsföring och försäljning? Enligt mig är definitionen, i ett affärskontext: försäljning handlar om att komma till avslut på affären, "to close the deal". Allt annat är marknadsföring. Försäljning ska vi återkomma till längre fram så vi lämnar det för stunden.

Marknadsföring, däremot, kan ha många olika syften och det kan genomföras med diverse skilda metoder. I grund och botten används det av företag för att nå sina mål. Även om det ekonomiska resultatet på sista raden är viktigt så är inte mesta möjliga vinst företagens enda mål. Andra vanliga mål är exempelvis kundtillfredsställelse, tillväxtmål, arbetsmiljömål, kvalitetsmål m.m. Oavsett vad som är viktigast kan man inte enbart fokusera på ett område för det skulle rikta in företagets resurser på enda grupps utbyte av verksamheten och dränera de övriga.

Istället brukar man arbeta med **balanserade målsättningar** där alla som har betydelse för att företaget ska nå sina mål får något av sina behov rimligen tillgodosedda så att dom vill fortsätta medverka till en positiv utveckling.

Balanserade målsättningar

Vilket leder oss in på frågan *"för vem/ vilka finns vi [företaget] till ?"*. Somliga är ju uppenbara: man finns till för ägarna, anställda, leverantörer och kunder. I ett vidare perspektiv finns det många fler som har ett utbyte av att företaget existerar och går bra. Exempelvis finansiärer och långivare som får ränta på sitt utlånade kapital, stat och kommun som blir glada för skatteintäkter, branschföreningar som får medlemmar, externa organisationer där företaget medverkar, anställdas familjer och vänner, bygdens lokala föreningar med flera.

Dom brukar kallas för olika **intressenter** och bidrar i gengäld till företagets utveckling med exempelvis ekonomiska stöd, rådgivning, kompetens, kontakter, arbetskraft och tillgång till allmänna samhällsresurser.

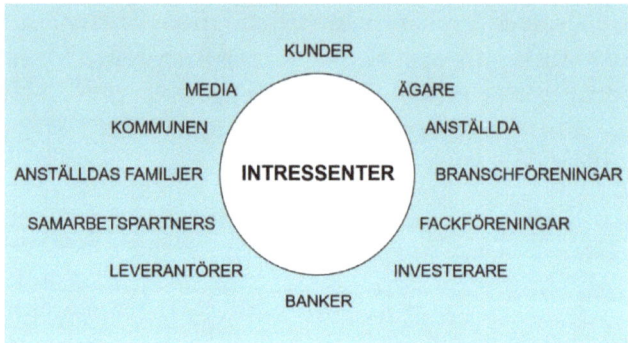

Intressentmodellen

Kort sagt, om dom gillar företaget så hjälper dom till och därför är det motiverat att beakta olika intressenters förväntningar när man sätter mål. För dig innebär det att du just fick fler ingångar till uppdrag eller anställning som industridesigner. Intressenterna kan kanske inte direkt ge dig jobbet, men det är här du hör talas om behov/problem där du eventuellt är en del av lösningen och dom kan peka dig i rätt riktning till beslutsfattare hos uppdragsgivaren.

Uppgift 1. Skapa din egen intressentmodell

Ur ett yrkesmässigt perspektiv, fundera på vilka om gillar dig/er.

För vem/vilka är det viktigt att det går bra, vad är deras förväntningar och hur kan du bidra till att uppfylla deras behov?

Skriv in vilka intressenter som finns i omgivningen runt dig/företaget/produkten. Försök bli konkret, gärna med befattningar eller namn.

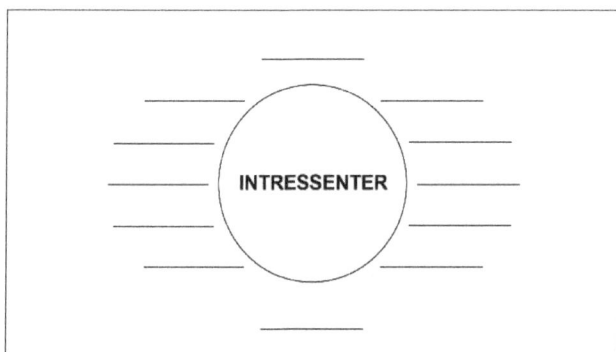

Anteckningar:

3

FEM INRIKTNINGAR TILL UPPDRAG

Som industridesigner tar du fram produkter som fyller någon slags funktion i ett visst syfte för någon. Det finns alltid ett behov i botten som du med din designkompetens ska tillgodose. Därför kan det vara på sin plats att se lite på hur människor prioriterar i valen mellan olika behov. Den amerikanske psykologen Abraham Maslow presenterade 1943 en förklaringsmodell om det i artikeln "*A Theory of Human Motivation*". I likhet med många andra modeller är det en generalisering, som man nog inte ska basera alltför långtgående slutsatser på, i synnerhet inte på detaljnivå. Människan är långt mer komplex än att låta sig fångas i rutor och fyrkanter. Samtidigt är just modeller, matriser och grafer vanliga redskap inför produktutveckling och marknadsföring för att på olika sätt att visualisera marknader, målgrupper, processer, hot och möjligheter. Det finns inget rätt eller fel, allt handlar om bedömningar. Maslows motivationsteori är vida spridd och används bl a för att bedriva marknadsföring med olika metoder. Även om det också finns invändningar mot Maslows modell så fungerar den väl som illustration till hur du som industridesigner kan bidra med din kompetens.

"Vårt mål är att utveckla något som gör ett antal saker som kunderna vill betala för"

Maslow menar att vi prioriterar våra behov i en viss ordning. Från grundläggande, fysiologiska behov för att överleva till att förverkliga oss själva. I den ursprungliga modellen handlar det om fem nivåer, där han menar att den första behovsnivån måste vara åtminstone delvis uppfylld innan man börjar sträva efter att få nästa tillgodosedd. Om man lyckats ta sig en bit upp, men det händer något under livets gång som gör att man förlorar det man uppnått, så ramlar man ner nåt snäpp i trappan och det blir återigen viktigt att göra mer grundläggande val. Det är lätt att känna igen sig på en övergripande nivå. Krig och katastrofer tvingar människor till helt andra prioriteringar än vad självförverkligande filantroper behöver göra. Om du inte har mat för dagen går du förmodligen inte och köper ett larm till din bostad, nåt som uttrycker din personlighet eller skänker till behjärtansvärda projekt.

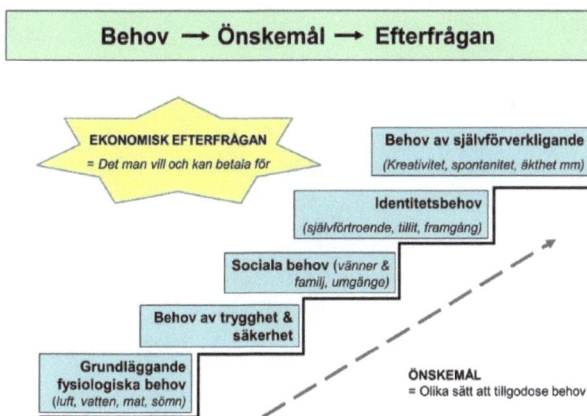

Behov → Önskemål → Efterfrågan

EKONOMISK EFTERFRÅGAN
= Det man vill och kan betala för

Behov av självförverkligande
(Kreativitet, spontanitet, äkthet mm)

Identitetsbehov
(självförtroende, tillit, framgång)

Sociala behov (vänner & familj, umgänge)

Behov av trygghet & säkerhet

Grundläggande fysiologiska behov
(luft, vatten, mat, sömn)

ÖNSKEMÅL
= Olika sätt att tillgodose behov

Maslows behovstrappa

Oavsett om vi verkligen agerar enligt Maslows teorier eller väljer lite mer slumpmässigt beroende på individ är nog alla ense om att dessa grundläggande behov finns och som sådana utgör drivkrafter för utveckling av produkter världen över. Du ser här minst fem olika inriktningar att tillämpa din förmåga och kompetens på för att tillgodose människors grundläggande behov.

Dina val betyder mer än man tror

Till glädje för en industridesigner har vi människor inte bara olika behov utan också vitt skilda önskemål om hur vi vill få dessa behov tillgodosedda. Tillsammans bildar det ett oändligt hav av möjligheter till produktutveckling. Det råder verkligen ingen brist på problem som behöver lösningar, men det du måste ha fokus på är de behov och önskemål där det finns en **ekonomisk efterfrågan**. Där någon vill betala för dina tjänster. Bump. Så är vi åter i verkligheten. På det råder det nämligen oftast brist. Såvida du inte kan göra troligt att du är en lönsam investering.

Så låt oss se på en annan modell som visar hur du kan skapa mervärden. Du är ju den som designar produkten och därmed är du också den som ger marknadsförare och säljare argumenten som talar för varan. I anknytning till Maslows teori ovan ser marknadsförare på begreppet "produkt" i ett vidare perspektiv än vad folk i allmänhet gör. Man talar om kärnprodukten, som är det huvudsakliga objektet inklusive eventuella tillbehör, men också om kringtjänster i samband därmed och dessutom om "meta-produkten" som avser upplevelsen av den lust man känner, den status man får och den sociala identitet som följer av att tillhöra en viss grupp. Nu är vi högt uppe på stegen.

Interiör Volvo XC90 Excellence Lounge Console

Ett exempel är Volvo. Om du väljer att köpa en Volvo personbil för att lösa ditt behov av trygg och säker biltransport finns även assistanstjänst, service, underhåll, support att tillgå. Du kan få mat, prylar och paket levererade direkt till din bil, integrera din smartphone med fordonet och känna att du tillhör en grupp av människor som har detta gemensamt med den lust, status och identitet det medför. Det är en del av företagets **produktstrategi** som bl a bygger på analyser av kundernas önskemål.

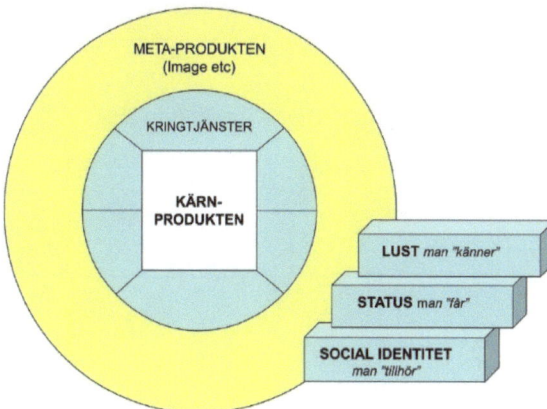

Produktstrategier

Industridesignerns val av material, färg, form, uttryck, funktioner m.m. har alltså inte bara betydelse för kärnprodukten utan även för hur företaget kan bygga upp sin marknadsföring gentemot olika målgrupper på basis av mjukare faktorer som identitet, lust och image. Du ser vad du kan bidra med i sammanhanget? Bra, för dina val avgör mer än man tror.

Nu har vi avhandlat en del om hur företag affärsplanerar och styr sin verksamhet med olika slags beslut, målsättningar och planer med benäget bistånd av andra intressenter som har betydelse för dina uppdragsgivare och därmed även för dig. Vi har gått in på olika slags grundbehov som utgör drivkrafter för produktutveckling och sett hur en industridesigner kan skapa mervärden på flera skilda sätt. Vi har ändå bara skrapat på ytan. Dags för en avslappnad fika med block och penna, vi zoomar ut och ser på världen från rymdperspektiv en stund.

4

FÖRÄNDRING INNEBÄR MÖJLIGHET

Förändringar i samhället är bra för industridesigners eftersom det är du och dina kollegor som omsätter de nya förutsättningarna i produktlösningar för de behov som uppkommer som en följd därav. Så låt oss se på vad som händer i omvärlden en stund.

Hur långt du zoomar ut bestämmer du själv, men förslagsvis betraktar du den geografiska marknad där din produkt ska säljas eller där du som industridesigner ska verka. Du kan också ha en speciell kundkategori i tankarna, oavsett var dom befinner sig.

Sätt dig bekvämt tillrätta i en ostörd miljö och filosofera en stund över vad som händer i den världen. Det handlar inte om att göra en analytisk undersökning med exakta fakta utan mer skapa dig en övergripande bild om vilka skeenden som pågår i samhället som kan vara av betydelse för dig, din produkt eller din uppdragsgivare/arbetsgivare (beroende på vilket syfte du har i tankarna).

Du gör det här för att hitta drivkrafter på marknaden som bidrar till behovet av just dina tjänster som industridesigner eller din produkt. Inte om behovet av industridesign i allmänhet eller av produktutveckling generellt. Fokusera på sådant som stödjer behovet av dig, det du är mest unik och bra på som designer, eller sådant som påverkar efterfrågan på din produkt.

Om du är lite allmänbildad, hänger med hyfsat i media och inte är alltför mycket av enstöring så har du en god grund för att göra en enkel omvärldsbeskrivning, men inför större investeringar vill man gärna involvera flera personer för att få andras perspektiv och kompletterar ofta bilden med professionella undersökningar och analyser för bättre beslutsunderlag.

Några råd innan du börjar:

- Vi söker inte efter kortsiktiga trender. Det handlar inte om vårens nya mode eller vilken variant på mobiltelefon som kan antas komma inom kort. Det du ska söka efter är *bestående omvärldsförändringar* som du bedömer blir varaktiga under många år framöver. Vad är det som händer i stort, vad är det som påverkar människors beteenden?

- Om du ser på dig själv som industridesigner och söker uppdrag eller anställning är det lämpligt att du avgränsar dig till den geografiska marknad du kan nå. Rent praktiskt och ekonomiskt brukar det handla om max ett par timmars bilresa från där du bor eftersom du antagligen måste träffa dina uppdrags- eller arbetsgivare mer eller mindre regelbundet. Internet till trots görs den här typen av affärer fortfarande mellan människor som ska samarbeta med varandra och för det vill man mötas personligen. Om du är mer etablerad kanske du har skapat dig kundrelationer som fungerar på distans därför att ni redan lärt känna varandra. Du får bedöma hur stort område du mäktar med att vara aktiv inom.

- Som industridesigner kommer du i kontakt med många olika branscher och industrier. Ett sätt få överblick är att bläddra igenom några årgångar av facktidskrifter som sprider nyheter inom sina respektive specialområden på bibliotek eller internet.

Det här gör sig bäst i en kreativ sittning

Där du skissar, ritar och skriver. Fundera på vilka bestående förändringar i samhället du kan se som har betydelse i sammanhanget så som jag beskrivit ovan. För att göra det lite lättare och få någon slags ordning på tankarna kan du se på omvärlden ur några olika perspektiv, ett i taget. Jag kallar metoden för D.E.N.-T.P.C. en enkel akronym bara för att komma ihåg rubrikerna. Försök komma på 3-4 st omvärldsförändringar på varje område om du ser några, men du behöver inte tvinga fram nåt under varje rubrik. Tänk inte för länge och analysera inte för mycket utan ta med det du snappar upp relativt omgående efter en stunds filosoferande. Du märker själv när det börjar gå runt i tanken och inte kommer några mer uppslag.

DEMOGRAFISKT

Det är rena grekiskan men betyder helt enkelt "en beskrivning över folket". Ofta används det som synonymt med "befolkningsstatistik". Det handlar om en befolknings fördelning, storlek och sammansättning. Det kan avse ålder, kön, yrke, inkomst, religion, etnicitet, intressen, utbildning, civilstånd eller annat, men också var man bor, hur flyttströmmarna går med mera. Kan du se några

demografiska skeenden som pågår av betydelse på den marknad där du eller din produkt verkar? Var bor kunderna? Vilka åldersgrupper är störst om 5-10 år? Får det några konsekvenser, i så fall vilka? Ökar eller minskar kundunderlaget? Flyttar dom hit eller dit? Spelar det någon roll? Statistiska Centralbyrån kan bistå med faktauppgifter för Sverige, Eurostat för EU.

EKONOMISKT

Ser du några ekonomiska, bestående förändringar under uppsegling som kan påverka efterfrågan på dina tjänster eller produkt? Får folk och företag på din marknad det bättre ställt framöver eller kan det antas bli stramare tyglar? Varför? Vad tror du om utvecklingen för valutan, aktiemarknaden eller inflationen och har det någon betydelse i sammanhanget? Är du/ni beroende av någon speciell målgrupp eller distributör, hur ser de ekonomiska förutsättningarna ut för dom i så fall?

NATURRESURSER

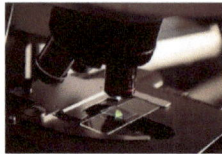

Kommer det bli brist på någon ingående komponents råvara? Vad händer om t ex oljan sinar, platinan tar slut eller kiseln blir dubbelt så dyr? Vilka råvaror är viktiga? Ser du något nytt sätt att använda naturresurser som kan ha betydelse? Vilka är de senaste forskningsrönen inom dina domäner?

TEKNISKT

Samma här, men ur teknologisk synvinkel. På senare tid har begreppet "disruptive" blivit ett hett modeord som associeras till oväntade tekniska lösningar som är enklare och billigare än de redan etablerade. Någon ny teknik eller nytt material på gång som sätter spelplanen i gungning och skapar förutsättningar för andra tekniska lösningar än de befintliga under lång tid framöver? Fokusera på sådant som berör dig eller din produkt. Det här är din hemmaplan så du känner nog till fler exempel än vad jag gör, men du kan hitta en del nyheter bland de strategiska innovationsprogram som drivs av Sveriges innovationsmyndighet, Vinnova (www.vinnova.se).

Politiskt

Det är inte alltid så enkelt att bedöma politiska skeenden, men här är ett konkret och handfast tips: den 1:a januari och 1:a juli varje år brukar Sveriges nya lagar på offentliggöras på regeringens hemsida. Vanligtvis skrivs det mängder av artiklar i media samtidigt om vad de innebär. Där kan du läsa om nyheter i form av lagstiftning som vi alla har att förhålla oss till, företag såväl som medborgare. Lagstiftning och regler ändrar allas förutsättningar. Se om du hittar några nya lagar som har betydelse för dig som industridesigner, din uppdragsgivare eller din produkt. Du kan också ligga lite före och fundera på om du känner till nåt som är på gång, men inte ännu lag eller regel. Vilka konsekvenser får det med avseende på produkter i vår omgivning? Behöver något anpassas, utvecklas, förändras som en följd därav?

Cultural

Ja, jag vet. Det skulle väl stått Kulturellt här och ha ett K i akronymen, men det är mycket svengelska inom management och det har kommit att bli så här i mitt huvud. Ändra om du vill. Poängen är bara söka efter kulturella, bestående förändringar av betydelse. Vilka kulturella skeenden pågår? Influenser från andra länder? Nya sätt att konsumera musik? Har någon ny konstform börjat bli populär? Nya idrotter som behöver särskild slags utrustning? Vill folk mötas på andra slags arenor, i nya slags miljöer i nya sammanhang... hur, vad, när, varför? Vad innebär det?

Okej, häll upp lite fika nu, ta fram block och penna och sätt dig nånstans där du ostört kan låta tankarna flöda fritt en stund.

Gör en omvärldsbeskrivning över bestående förändringar

Uppgift 2: Vilka möjligheter finns i din värld?

Gör en omvärldsbeskrivning med utgångspunkt från rubrikerna i D.E.N.-T.P.C. metoden som beskrevs.

DEMOGRAFISKT

_____

_____

_____

_____

EKONOMISKT

_____

_____

_____

_____

NATURRESURSER

_____

_____

_____

_____

Tekniskt

_____

_____

_____

_____

Politiskt

_____

_____

_____

_____

Cultural (KULTURELLT)

_____

_____

_____

_____

5

FORMELN FÖR FRAMGÅNG

Den goda nyheten är att det finns en formel för framgångsrik marknadsföring! Gör bara så här:

$$R+S.T.P.+MM+I+C = SUCCÉ$$

...men som du säkert anar är det inte alldeles enkelt. Om det blir framgångsrikt eller inte beror som i många andra sammanhang på hur väl man genomför det hela. Mannen bakom formeln heter Philip Kotler, en amerikansk professor och författare och internationellt erkänd auktoritet inom marknadsföring. Hans tegelstenstjocka böcker *"The Principles of Marketing"* och *"Marketing Management"* anses vara något av biblar inom området. Dom används i undervisningen på många av världens främsta universitet och de bakomliggande principerna tillämpas av välkända och okända företag världen över, stora som små.

Vi ska använda formeln som en struktur för att visa på ytterligare några fler sätt för dig att medverka till företags utveckling som industridesigner. Samtidigt får du därmed en övergripande plan för marknadsföring av dig själv eller din produkt.

Låt oss först se på vad bokstäverna står för:

RESEARCH

Research handlar om undersökning och efterforskningar. En kartläggning av det behov som ligger till grund för produktutvecklingen, beskrivning av marknaden och handlar om sådant som bildar utgångspunkter för marknadsföringen. Det fungerar ungefär som vid tapetsering: ju bättre grundarbete, desto sannolikare att slutresultatet blir bra.

SEGMENTING

Att segmentera innebär att dela in marknaden i mindre, hanterbara och identifierbara delar, eller segment som det också kan kallas. Så att man vet vilka kunderna är och hur man når dom.

TARGETING

Handlar om vilka segment (kunder/målgrupper) man väljer att rikta in sin marknadsföring mot, vilka man "siktar" på.

POSITIONING

Hur man "positionerar sig" i dessa kunders medvetande. Handlar om budskapet, vad man vill att dom ska tänka och tycka om företaget/produkten.

MARKETING MIX

Marknadsmixen är helt enkelt hur du använder och fördelar din marknadsföringsbudget på bästa sätt. Eftersom man inte har obegränsat med pengar.

IMPLEMENTATION

Avser själva genomförandet av marknadsföringen.

CONTROL

Hur man följer upp och styr genomförandet för att säkerställa att man är på rätt spår.

Den här processen ska sammantaget landa i någon form av marknadsplan som består av:

a) en beskrivning av nuläget

b) målen med marknadsföringen

c) vilka aktiviteter som ska genomföras för att nå målen och hur, samt

d) en beskrivning av hur man styr och följer upp att man är på rätt spår.

Men vanligtvis är det inte ditt jobb att sätta ihop den, det är ledningens och marknadsavdelningens ansvar. Om du gör det här för din egen del kan det vara bra att sammanställa det viktigaste på några sidor för att ha det klart för dig själv så i bokens sista kapitel finns en modell för det, men för stunden ska vi istället gå in på hur du kan bidra på olika sätt med din kompetens i processens olika delmoment.

Research

Det här kan göras hur omfattande som helst. Utmaningen är att veta när det är "good enough". Du har redan gjort en del genom att ha bildat dig en uppfattning om vilka **intressenter** som finns och du har funderat i ett vidare perspektiv på vilka **omvärldsförändringar** som pågår av betydelse i sammanhanget. Du är förmodligen redan van vid undersökningar, tester och funktionsanalyser för att få fram kravspecifikationer i produktutvecklingsprojekt. I samma anda samlar företag in data om marknaden på olika sätt för att kunna ta beslut om t ex vilka produkter som ska utvecklas, hur dom ska marknadsföras, till vilka, när det ska ske och varför.

Du minns att företag kan ha flera slags mål och att marknadsföring kan användas för många olika syften? Vilken slags fakta man samlar in och hur man gör det beror både på mål och syfte. Vi går inte in på vilka undersökningsmetoder som finns eller hur man gör statistiska analyser av insamlade data, det faller liksom inte inom ramen för din roll. Vi ska däremot se på några exempel på modeller och matriser som används för att visualisera och åskådliggöra marknadsförutsättningar, till grund för olika strategiska beslut i företag, så att du kan vara med i snacket.

Gemensamt kallas den här typen av modeller för Bostonmatriser eller BCG-matriser, eftersom dom först gjordes kända av konsultföretaget Boston Consulting Group. Man ställer helt enkelt två parametrar mot varandra på varsin axel för att sedan kunna gruppera värdena därefter, vanligtvis indelat i fyra rutor. Det spelar ingen roll vilka parametrar man väljer att ställa mot varandra, det beror helt på vad man vill visa. Det är inte så krångligt som det låter.

För att avdramatisera det hela kan vi först exemplifiera med något som inte alls har med industridesign att göra:

Antag att du ska bjuda hem någon på middag. Beroende på om du a) gillar att diska eller inte och b) har en fungerande ugn eller inte - vad kommer troligen hamna på bordet?

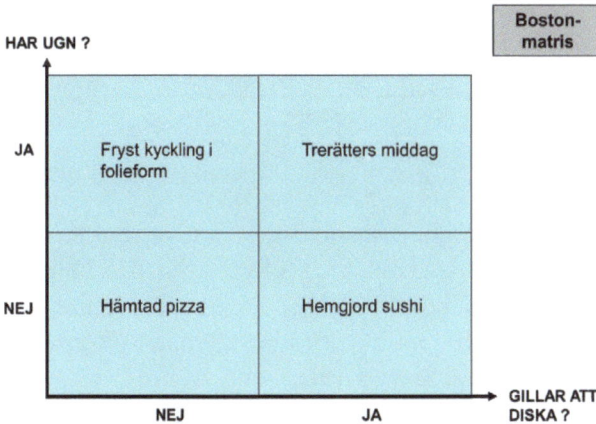

HAR UGN ?

Boston-
matris

	NEJ	JA	
JA	Fryst kyckling i folieform	Trerätters middag	
NEJ	Hämtad pizza	Hemgjord sushi	

GILLAR ATT DISKA ?

Bostonmatris (exempel)

Man får alltså fram en tydligare visuell bild av olika alternativ som man kan ha till underlag för diskussioner och beslut. Nu över till ett tre vanliga Bostonmatriser och en produktlivscykel som beskriver några lägen där du kan vara delaktig.

Marknadsförutsättningar vs. Konkurrensförmåga.
Här listar företaget sina produkter utifrån hur marknadsförutsättningarna ser ut (t ex hur stabil efterfrågan är, försäljningsprognoser) och ställer det mot den konkurrensförmåga man bedömer att produkten besitter. Därigenom får man en bild av vilka produkter som behöver åtgärder. Du kan medverka till produktutveckling av sådant som har låg konkurrensförmåga hos din uppdragsgivare.

31

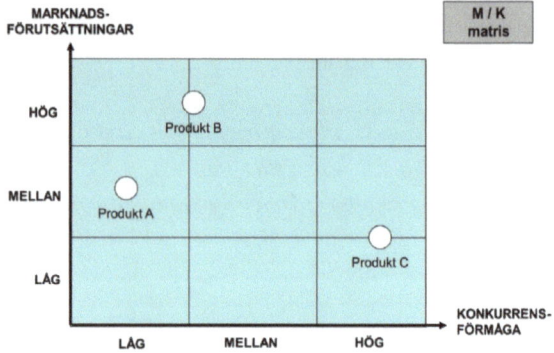

M/K matris

I exemplet ovan framgår att produkten C är företagets starka kort, men efterfrågan förefaller vara vikande, kanske beroende på att den är i slutet av sin livscykel och andra modeller har gjort entré. Produkterna A (i viss mån) och B finns på ökande marknader, men kunderna väljer även andra lösningar. Här kan det finnas en del att göra för dig.

Hur ser marknadsförutsättningarna ut för din produkt eller dig som industridesigner? Hur är det med konkurrensförmågan? Gör en bedömning.

Tillväxttakt vs. Marknadsandel.
Man ställer marknadens tillväxttakt gentemot hur stor relativ marknadsandel ens egna olika produkter har. Matrisen används för att bestämma vilka produkter som det bör satsas mer eller mindre på, om det behöver produktutvecklas eller om någon produkt ska avvecklas, baserat på deras kassaflöden. Som ett resultat får man fram fyra kategorier där industridesigner kan bidra åtminstone i tre.

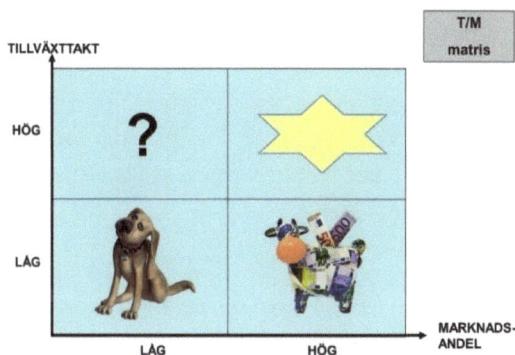

T/M matris

1. **Kassakor** (*produkter med låg tillväxt men hög marknadsandel*). Här pumpar det på. Man tjänar pengar stabilt tack vare en stor marknadsandel och har låga utvecklingskostnader, om ens några. Här kan du fokusera på lösningar för att sänka tillverkningskostnader och effektivare produktion snarare än innovationer.

2. **Stjärnor** (*produkter med hög tillväxt och hög marknadsandel*) kräver ofta stora investeringar, men ger också höga inkomster. Här har du nog inte så mycket att hämta för tillfället som industridesigner. När tillväxten avtar och utvecklingskostnaderna är tagna kan produkterna komma att bli kassakor om man lyckas behålla sin höga marknadsandel.

3. **Hundar** (*produkter med låg tillväxt och liten marknadsandel*). Här behöver man tänka till. Produkterna fordrar i och för sig inga höga utvecklingskostnader men ger heller inga större inkomster, så företagsledningen frågar sig nog om det finns någon anledning att ha dom kvar. Du får inrikta din industridesignkompetens på att finna mer lönsamma produktlösningar som kan öka tillväxten.

4. **Frågetecken** (*produkter med hög tillväxt men låg marknadsandel*). Marknaden exploderar, men produkten säljer för lite och ger ännu inga höga inkomster, samtidigt som man fortfarande släpar på höga

utvecklingskostnader. Tufft läge, något av ett vägval: antingen bör man satsa rejält för att komma med i matchen, det kan vara investering i produktförbättringar (som du kan hjälpa till med) eller i marknadsföring för att hjälpa till att få igång försäljningen. Eller så sitter man still i båten och nöjer sig med det som blir.

> " Kan du göra det mer allmänt, men fokusera på detaljerna?"

Produkt vs Marknadsmatris. Kallas även för Ansoffs matris. Det är ett verktyg till underlag för strategiska beslut om hur man ska nå företagets tillväxtmål. Man ställer sina befintliga produkter och marknader mot nya sådana och får som ett resultat fyra olika strategier för tillväxt. Frågan är vad ledningen beslutar, men du kan i alla fall hjälpa till i två eller tre strategier.

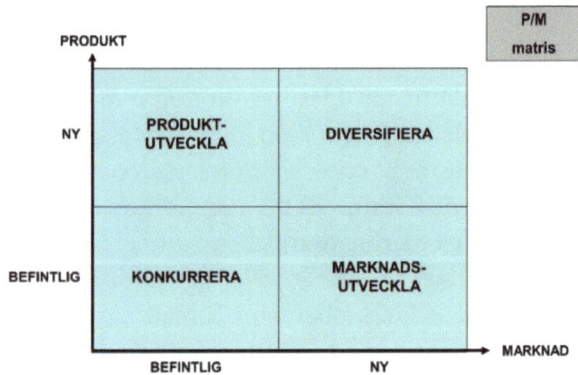

P/M matris

- **Växa genom att konkurrera** *(med befintliga produkter på nuvarande marknader)*. Man försöker helt enkelt ta marknadsandelar. Inte riktigt din boll.

- **Växa genom produktutveckling** *(med nya produkter på befintliga marknader).* Din boll. Du vet vad du ska göra.
- **Växa genom marknadsutveckling** *(med befintliga produkter på nya marknader).* När befintliga produkter lanseras i andra länder kan det ibland finnas behov av produktanpassningar, t ex beroende på andra tekniska standarder eller annorlunda kulturella preferenser. Om du har rätt kunskaper för det kan det innebära uppdrag.
- **Växa genom diversifiering** *(med nya produkter på nya marknader).* Här finns det mycket för en industridesigner att arbeta med, men det är också den mest riskfyllda strategin.

Produktlivscykeln. Det här är ingen Bostonmatris, men visar i vilka situationer du kan bidra som industridesigner under en produkts hela livslängd på marknaden. Dina möjligheter är inte över när produkten är framtagen. Här kan du se en schematisk bild av vanliga målsättningar och strategier beroende på i vilket skede produkten befinner sig.

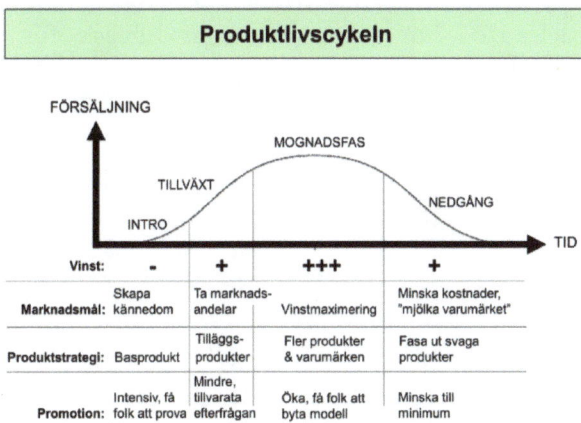

Produktlivscykeln

1. Introduktionsfasen. När produkten lanseras är marknadsbearbetningen intensiv och inriktar sig på att skapa kännedom och få folk att prova. Du kan börja kolla på tillbehör och kringutrustning. **2. Tillväxtfasen.** Efterfrågan ökar. Säljarna jobbar för högtryck för att ta marknadsandelar, marknadsföringen lugnar ner sig och man försöker hinna med att leverera. Du kan skissa på modellvarianter och nya produkter. **3. Mognadsfasen.** Marknadsföringen ökar åter i intensitet och byter skepnad till att få folk att byta modeller. Man vill ha ut maximal vinst från produkten så du kan föreslå lösningar för att sänka tillverkningskostnader och effektivisera produktionen. **4. Nedgångsfasen.** Minimal marknadsföring och man kramar ur det sista ur varumärket. Du kan fundera på nya lönsamma produkter.

Vi går vidare. När man gjort efterforskningar så pass grundligt att man har en bra bild av sin marknad och det behov produkten ska tillgodose är det dags att övertyga kunderna. Ett strategisk (långsiktigt) beslut är då om man ska säga samma sak till alla eller anpassa budskapet efter olika målgrupper. Det vägvalet får stor betydelse för hur man sedan går tillväga för att kommunicera säljargumenten.

Ikea och McDonalds ser ingen större anledning att dela upp det eftersom "alla" vill ha prisvärda möbler och hamburgare. Alternativt kan vi dela in marknaden i mindre delar och utveckla *skilda marknadsföringsprogram för olika målgrupper avseende samma produkt.* Om vi drar den tanken ett snäpp till kan vi t.o.m. helt specialisera oss på en särskilt utvald grupp bland kunderna, en nisch, som exempelvis produkter för orienterare eller bli experter på en viss produkttyp som t ex kikare.

Varför bry sig om att dela in marknaden i mindre bitar? Jo, ju bättre kunskap om kunderna man har, desto troligare att vi förstår varandra så att behov och produktlösningar matchar.

Det finns flera goda anledningar:

- För att identifiera behov bland kunderna som inte är täckta
- För att upptäcka förändringar i kundstrukturen (jfr omvärldsanalysen)
- För att hitta segment (kundgrupper) där man behöver stärka sin position
- För att koncentrera sina marknadsföringsresurser (att använda kulgevär istället för hagelbössa, så att säga)

Avsikten är i så fall att sälja mer med den metoden, men det kostar också mer i form av produktanpassningar, produktion och promotion så det gäller att man träffar rätt. Vi ska strax se på hur man delar in marknaden i mindre delar. För att det inte ska bli en hittepå-övning utan nåt du kan använda praktiskt bör du tänka på att "tårtbitarna" ska uppfylla några villkor:

- **Vara mätbara**. För du vill helst kunna följa upp marknadsinsatserna och göra justeringar vid behov..
- **Finnas tillgängliga**. Du vill ju kunna nå kunderna
- **Segmenten bör ha en viss substans**. Dom ska alltså vara tillräckligt stora eller lönsamma, samt
- **Det ska vara realistiskt**. Dvs att det finns resurser att hantera dom.

Med det i bakhuvudet går vi in på prickskyttet. Jag menar att du har mycket att tillföra i sammanhanget och bör försöka få ett ord med i laget även om det här främst är marknadssidans jobb, eftersom dina val påverkar vem som kan och vill använda produkten. Om produkten redan är framtagen eller långt gången i utvecklingsprocessen får du ta med dig det här till nästa projekt. Du kan också tillämpa det på din egen marknad för dig själv som designer.

Segmentering + Targeting + Positionering

Om man satsar stora pengar på marknadsföring vill man veta att man träffar rätt. Därför gör företag gärna fördjupade marknadsstudier oavsett vilken metod för indelning av marknaden man använder. Vi, däremot, ska bara gå igenom metodiken så du kan orientera dig i processen.

De här tre momenten, segmentering - targeting - budskap, behöver du ha i tankarna samtidigt, inte var för sig. Vi vill dela in marknaden i mindre delar, välja målgrupp och budskap för en produkt. Det hänger ihop. Om du har fler produkter får du börja om på samma sätt med nästa. Det handlar om att hitta kundgrupper som man kan bunta ihop efter samma marknadslogik. Personerna i en målgrupp ska så att säga helst "nappa på samma bete".

Först behöver vi bilda oss en uppfattning om marknaden. Vad är en marknad egentligen? En vanlig definition är "där produkter och kunder möts". Det kan vara ett geografiskt område där kunderna finns och produkten säljs. Det kan också vara en viss typ av användare oavsett var dom är så länge det finns en marknadsplats och distribution på något sätt.

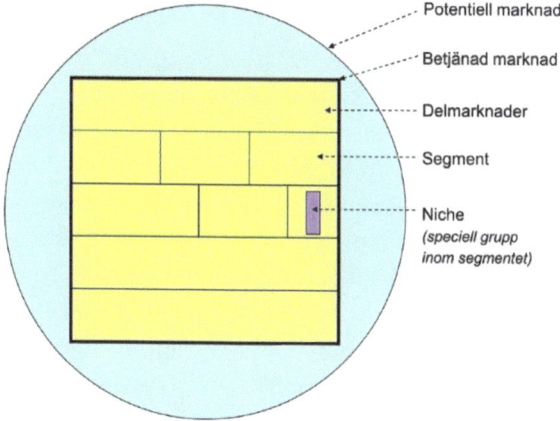

Marknadsindelning

För enkelhets skull kan vi tänka oss marknaden geografiskt i följande exempel. Den yttre ringen i bilden ovan omfattar alla som skulle kunna tänkas vilja köpa produkten, den potentiella marknaden. Det kan t ex vara hela världen, Europa eller Skandinavien. Fyrkanten innanför symboliserar då den *betjänade marknaden*, dvs den marknad företaget är aktivt verksam på med distribution och försäljning - exempelvis Sverige.

Jag: "Kan ni beskriva den primära målgruppen?"
Kund: "Alla som behöver våra produkter"

Det är den marknaden (där man är verksam) som vi vill bryta ner i mindre, hanterbara och identifierbara, delar. Om det är ohanterligt med hela Sverige som en enda marknad kan man dela in landet i mindre delmarknader och välja det som realistiskt kan "sambearbetas", t ex Hälsingland och Dalarna. Alltså, bland dom som bor i Hälsingland och Dalarna - vilka är kunderna?

Det beror förstås på vilken produkt vi talar om och vad du har i tankarna vet du bättre än mig. Vi vill finna gemensamma grunder hos en identifierbar samling kunder som vi kan nå och som attraheras av samma budskap. Dom vi främst letar efter är de personer inom marknadsområdet som allra mest uppskattar vår produkts unika egenskaper.

När du har har bildat dig en uppfattning om vilka det gänget är kan du göra det tydligt genom att formulera en *marknadsprofil*. Det är en kort beskrivning över hur en idealkund i den valda kundkategorin ser ut, exempelvis något i stil med: *"Händige Harry, bor i villa på landsbygden i Hälsingland eller Dalarna och kör Volvo. Han är i yngre medelåldern, har familj och är höginkomsttagare"*. Notera att alla dom uppgifterna går att få tag på. Du kan ta reda på hur många det är, var dom bor, vilka som har råd o.s.v. precis som jag nämnde angående de viktiga kriterierna ovan.

Hur man finner gemensamma drag bland kunder skiljer sig lite åt beroende på om det handlar om en konsumentprodukt eller om det är en produkt som ska användas yrkesmässigt. I båda fallen kan man utgå ifrån demografiska faktorer, alltså var folk finns, tjänar, kön o.s.v.

Grunder för segmentering

KONSUMENTMARKNADEN	PRODUCENTMARKNADEN
o Demografiska *(Ålder, kön, ort etc.)*	o Demografiska
o Konsumtionsbeteende *(t ex märkestrohet: Rolex, BMW)*	o Arbetsfaktorer
	o Situationer
o Livsstil *(t ex intressen, vanor)*	o Personlighet
o Behovsmönster	

Segmenteringsfaktorer

För konsumentprylar är det mer vanligt att utgå från mjukare faktorer som livsstil, konsumtionsbeteenden och behovsmönster medan man inom B-2-B företrädesvis utgår från arbetsrelaterade faktorer som bransch, befattningar, inköpsbeteenden och särskilda situationer. I det här steget vill vi också sätta siffror på marknaden och bestämma mål för vad vi vill uppnå. Hur stor är marknaden i antal och omsättning? Hur stor andel kan vi tänkas ta? Hur många behöver vi nå ut till för att sälja en viss mängd produkter och vad kostar den marknadsföringen? Återigen, allt det här faller utanför din roll men du förstår principen? Bra, då kan vi gå in på strategierna bakom budskapet, "positioneringen".

Alla har vi en åsikt om saker och ting utan hjälp av marknadsförare. Dom vill dock påverka oss till att uppfatta en produkt på ett visst sätt och kartlägger oss därför (Research!) så mycket som behövs för att kunna välja rätt positioneringsstrategi i syfte att placera produkten "top of mind" i kundens medvetande. Det har ju på senare tid drivits långt av bl a Facebook, Youtube, Google och andra aktörer som visar oss allt mer av samma saker baserat på algoritmer från våra internetvanor.

Egentligen är en positionering bara svaret på frågan: *"När ska det 'klicka till' [vad?] hos [vem?] och varför?"*

Det finns många tänkbara utgångspunkter för svaret och som industridesigner tar du en hel del beslut under produktutvecklingen som har betydelse för flera av dessa.

Grunder för positionering

- Produktegenskaper *(vad den "kan", "gör", "är", "har" etc.)*
- Produktfördelar
- Användare *(särskilda grupper)*
- Aktiviteter
- Produktkategori
- Personligheter *(kändisar)*
- Konkurrenter *(mot/bort från)*
- Ursprung
- Andra märken

Positioneringsstrategier

Man behöver bestämma sig för hur många egenskaper som ska marknadsföras och vilka. Du är förmodligen van att lista olika egenskaper i funktionsanalyser. Ur ett marknadsföringsperspektiv vill man gärna att de(n) viktigaste egenskapen(-erna) är unik(a). Du har kanske hört uttrycket U.S.P. som står för Unique Selling Proposition? Det bygger på att egenskapen skiljer ut produkten tydligt från andra. Det bör alltså vara en tydlig, överlägsen och kommunicerbar egenskap som helst är svår att kopiera och upplevs som prisvärd av kunderna.

Några råd på vägen:

1. Det är ofta bättre att vara först än att vara bäst.
2. Om ledarpositionen är upptagen, bygg en egen produktstege där du är nummer ett.
3. Om du inte kan använda dig av någon av ovanstående, *positionera dig gentemot marknadsledaren.*
4. Ha modet att välja bort argument! **Rensa** och **fokusera på det viktigaste**.

Uppgift 3: Marknadsbeskrivning

Beskriv marknaden för dig som industridesigner eller för din produkt. Gärna med siffror på storlek, antal, försäljningsvolymer om du kan. Dela upp den i delmarknader och tydliga segment.

Uppgift 4: Segmentering

Välj ut den viktigaste kundgruppen (segmentet) för dig eller din produkt och gör en idealkundsbeskrivning för det segmentet.

Uppgift 5: Positionering

När ska det ´klicka till´ [vad?] hos [vem?] och varför? Välj någon av positioneringsgrunderna som utgångspunkt för ett budskap och gör ett förslag till formulering.

6
EN MIX FÖR ATT NÅ UT

Du har valt målgrupp, har en positioneringsstrategi för hur du vill att produkten ska uppfattas i kundens medvetande och vet vilka egenskaper som är viktigast att föra fram. Budskapen som förmedlar detta ska formuleras och kommuniceras till kunderna. Det kostar pengar. Du vill få bästa möjliga effekt av satsade slantar så du måste bestämma hur marknadsföringsbudgeten ska fördelas.

Marknadsföringsbudgeten kan grovt delas upp i fyra skilda huvudmetoder för att kommunicera budskapet:

4 MARKNADSFÖRINGSMETODER
- **Reklam** *(annonser, broschyrer, reklamfilm, skyltning etc. oavsett om det är online eller tryckt)*
- **Publicitet** *(events, artiklar, medverkan i TV etc.)*
- **Personlig försäljning** *(direktkontakt, möten, telefon, mässor)*
- **Säljstöd** *(manualer, produktutbildningar, butiksmaterial etc.)*

4 MARKNADSFÖRINGSMETODER

☐ Reklam   ■ Publicitet   ☐ Personlig påverkan   ☐ Säljstöd

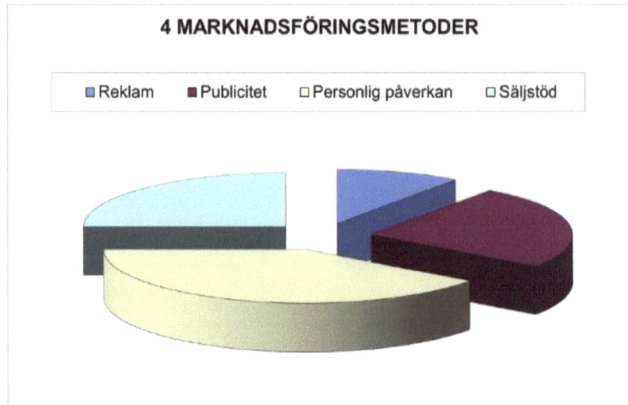

I sammanhanget måste man då också fråga sig vad som är målet med kommunikationen. Minns du produktlivscykeln? Att man har olika mål och syften över tid med marknadsföringen. Det var intensivt vid produktlanseringen, lite nedtrappat under tillväxtfasen och ökande för att få kunderna till andra modellvarianter under mognadsfasen. En bärande tanke inom marknadskommunikation är att man med information kan påverka folks attityder vilket optimalt leder till ett visst önskat beteende. Följaktligen finns det för varje given marknadskommunikation tre mål:

1. Kunskap – vad kunderna känner till om produkten.
2. Attityd – vad kunderna tycker om den.
3. Beteende – hur de agerar, t ex om de köper den.

Alla tre kan mätas i kundundersökningar och på andra sätt så att man vet om marknadskommunikationen ger avsedd effekt.

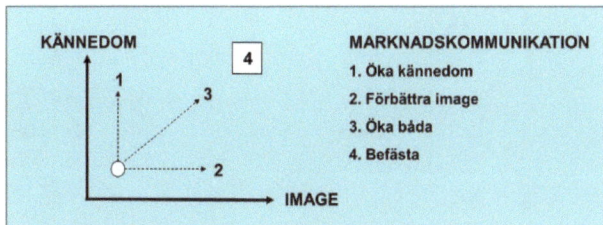

KÄNNEDOM

4

MARKNADSKOMMUNIKATION

1. Öka kännedom
2. Förbättra image
3. Öka båda
4. Befästa

IMAGE

Olika marknadskommunikationsstrategier

Som bilden visar får vi fyra strategier att luta oss mot när vi ska bestämma hur budgeten ska användas... eftersom marknadsföringsutrymme kostar. Om vi vill att så många som möjligt får veta att produkten finns, men inte behöver ge så mycket detaljer kan vi arbeta på ett sätt (1). Vi lägger lite information på små ytor i många kanaler för att nå så många som möjligt i målgruppen.

Alternativt, kanske mer vanligt inom B-2-B, ett mindre antal viktiga kunder får djup kunskap om vår produkt vilket fordrar mer utrymme, en annan budgetfördelning och andra tillvägagångssätt (2). Eller så går man en medelväg för att se vad som fungerar bäst (3) och när man har funnit det lägger man fördelningen för att befästa sin marknadsposition (4).

Marknadsmixen 4 P

Med en marknadsföringsbudget fördelad på några olika metoder för att föra ut budskapen och fyra kommunikationsstrategier att välja mellan för att få bästa effekt återstår frågan om vad som ska vara tongivande . Vad är bäst att föra fram, hur ska man stå ut i konkurrensen om kunderna?

Givet någon av Porters tre allmänna basstrategier i botten kan man säga att konkurrensförmågan vilar på hur väl man använder de fyra olika konkurrensmedlen som alla börjar på P:

49

- *Priset*
  Exklusivt eller lågpris? Dynamisk prissättning baserat på efterfrågan eller konkurrenssituation? Speciella betalningsvillkor?

- *Produkten*
  Funktioner och egenskaper, kvalitet, tillbehör och modellvarianter och image hör till konkurrensvapnen här.

- *Platsen*
  Var, när och hur produkten är tillgänglig för kunden.

- *Påverkan*
  Här kan det ses som ett samlingsbegrepp för de fyra marknadsföringsmetoderna ovan: reklam, publicitet, personlig påverkan och säljstöd.

Tillsammans bildar de fyra konkurrensmedlen det som brukar benämnas "marknadsmixen", eller "4P" som den också kallas. Det är alltid en blandning och framgången kommer av hur väl man man genomför sin mix. Man kan inte välja att bara konkurrera med en metod eftersom de alla hänger ihop.

De formar tillsammans ett budskap om värdet för kunden och är inte utbytbara sinsemellan. En dålig produkt kan inte kompenseras med stor tillgänglighet. Intensiv reklam har ingen effekt på en alltför hög prisnivå om den inte motsvarar förväntad produktkvalitet o.s.v.

Som du säkert redan insett är ditt arbete av stor betydelse när det kommer till minst ett par av konkurrensmedlen. Du tar avgörande beslut kring mycket av det som handlar om konkurrensmedlen *priset* och *produkten* under designprocessen i val av material, form, uttryck, tillverkningsmetoder m.m. Ibland kan du även påverka *platsen* när det kommer till distribution i frågor som rör förpackning, logistiska lösningar och hur produkten ska tillhandahållas på marknaden. Som en följd av detta har du samtidigt avgörande betydelse för konkurrensmedlet *påverkan* när du bygger in säljargumenten i produkten under utvecklingsarbetet.

I nästa uppgift kan du fundera på hur du själv vill göra.

Uppgift 6: Marknadsföringsmetoder

Vilka marknadsföringsmetoder skulle du välja för dig som industridesigner eller din produkt? I vilket syfte? Hur många behöver du nå? Har du någon uppfattning om vad det kan komma att kosta?

Reklam: _____kr

Publicitet _____kr

Personlig påverkan: _____kr

Säljstöd: _____kr

SUMMA: _____kr

Implementering och uppföljning

Marknadsplanen, som vi nämnde inledningsvis, beskriver hur man tänker sig gå tillväga (dvs "implementera aktiviteterna") och "Control" i Kotlers formel avser hur man följer upp under tiden att man är på rätt väg med insatserna för att nå marknadsföringsmålen.

Att omvandla den här typen av långsiktiga, strategiska beslut som företagsledningen tar, och göra om det till konkreta, taktiska åtgärder formulerat i faktiska kampanjbudskap i rätt kanaler som påverkar intressenterna så att de bidrar till företagets måluppfyllelse – det är ingen enkel uppgift.

Det är därför det finns reklambyråer, PR-konsulter , copywriters och kommunikationsexperter. Dom är specialister på att koka ner allt vi vill få ut till det viktigaste för det syfte som avses och förpackar det i ett format och känsla som berör så pass väl att tillräckligt många av rätt personer beter sig på sätt som gör att vi når målen. För att du ska få en känsla för hur utmanande det kan vara kan vi göra några enkla övningar. Utgå från ditt sedvanliga val, antingen dig själv eller din produkt. Låt oss börja med en **argumentanalys**.

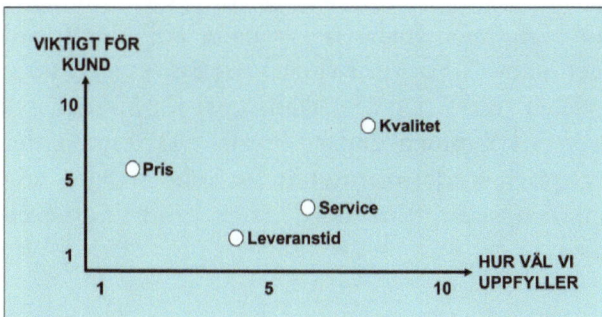

Argumentanalys

Här gör du en enkel matris och ställer "Vad som är viktigt för kunden" (=egenskaper) på ena axeln mot "Hur väl (du/produkten) uppfyller det" på den andra. Om du känner några idealkunder kan du fråga dom vad som är viktigt, annars kan du anta något för övningens skull. Försök få fram 5-6 st egenskaper du tror kunderna anser vara väsentliga. Likaså gör du en bedömning av hur väl du eller din produkt uppfyller det. Om du vill kan du rita in en konkurrent också. Då ser du vad som blir de viktigaste egenskaperna att föra fram med hjälp av den positioneringsstrategi du tänkt dig.

Ta med dom egenskaperna till nästa övning, en **EFI-analys**. Vi går igenom det före uppgiften:

EFI-analys
exempel: pensel

Tala om detta.

EGENSKAP	FÖRDEL	INNEBÖRD
RÖD	SYNLIG	LÄTTFUNNEN
LÄTT	OBELASTANDE	FÄRRE SKADOR
NATURMATERIAL	ÅTERVINNINGSBAR	MILJÖVÄNLIG
FYLLNINGS-FÖRMÅGA	FÄRRE PENSELDOPP	TIDSEFFEKTIV
O.S.V.		

Rita tre kolumner och rubricera kolumnerna Egenskaper - Fördelar – Innebörd (i uppgift 7 på följande sida finns en mall). Lista de egenskaper du fick fram i argumentanalysen i vänstra kolumnen under "Egenskaper". För varje egenskap (ta en i taget) skriver du vilken fördel den egenskapen ger för kunden i den mittersta kolumnen under "Fördel". Därefter noterar du vad den fördelen **innebär** för kunden i den högra kolumnen under "Innebörd", t ex i form av tid eller pengar.

Konkretisera dessa innebörder till ett väl formulerat budskap i form av en annons i nästa uppgift. Du får BARA utgå från det som står i högra kolumnen, innebörd. Ingen är nämligen intresserad av vad du eller din produkt "kan", "gör", "är"... kunderna vill veta vad det innebär för dom, i deras liv.

Du kan använda både text och bilder, men annonsen ska bygga på din positioneringsstrategi, rymmas inom rutan och följa en välkänd modell: AIDA. AIDA står för Attention - Interest - Desire - Action. Med det menas att annonsen bör ha något inslag som fångar betraktarens uppmärksamhet *(attention)* och något som gör att denne blir intresserad *(interest)* och vill veta mer *(desire)* så att han/hon agerar *(action)* på något sätt, t ex ringer, skriver, beställer.

En kreativ sittning igen. Mer fika?

När du gjort din annons är vi klara för stunden. Du har fått en inblick i Kotlers modell för framgångsrik marknadsföring där du som industridesigner kan tillföra kompetens i flera moment och på olika sätt. I nästa kapitel ska vi se på tre allmänna konkurrensstrategier och vad dom innebär för dig som industridesigner.

Uppgift 7: EFI-analys & annons

*E*GENSKAP   *F*ÖRDEL   *I*NNEBÖRD

——————   ——————   ——————

——————   ——————   ——————

——————   ——————   ——————

——————   ——————   ——————

——————   ——————   ——————

——————   ——————   ——————

Annonsutrymme

7

TRE KONKURRENSSTRATEGIER

Det här handlar om hur företag organiserar sig och hur dom agerar för att bli långsiktigt framgångsrika. Det är bra för dig att känna till så du inte föreslår fel saker till rätt företag. Eller omvänt.

Du minns hur företag har olika målsättningar och metoder i skilda faser av en produkts livscykel? Hela branscher, såväl som företag, har också livscykler. Dom föds, utvecklas, mognas, förändras, köps upp och ersätts förr eller senare av annat. För att överleva måste företaget anpassa sig till omvärlden, hålla uppsikt på vad konkurrenterna gör, agera och reagera på det som sker. En av de främsta experterna på området är Michael E. Porter, ekonom och Professor vid Harvard Business School, som har författat en mängd böcker i ämnet, bl a *"Konkurrensstrategi - tekniker för att analysera branscher och konkurrenter"*. Det är ytterligare en tegelstenstjock bibel vars innehåll ligger till grund för beslut i styrelserum och ledningsgrupper världen över.

Med hjälp av Porters metoder kan man bl a analysera branschers struktur, utveckling och olika situationer på marknaden för att bättre förstå konkurrenterna och sitt eget företags position till underlag för beslut om vad man ska göra inom ett särskilt verksamhetsområde eller med hela företaget. Allt detta lämnar vi därhän.

Vi ska istället fördjupa oss i de **tre allmänna konkurrensstrategier** som Porter har identifierat. Han menar att det finns tre (3) grundläggande konkurrensstrategier som företag kan tillämpa för att långsiktigt lyckas bättre än andra i en bransch. För att bli framgångsrik behöver företaget välja en (1) av strategierna och därefter hålla sig konsekvent till den, annars hamnar man mitt emellan och då försvagas företaget, kör fast. Det här har gemene man dålig koll på, är min erfarenhet. Därför är det bra om du vet så du kan ställa relevanta frågor och föreslå produktlösningar som ligger i linje med den konkurrensstrategi uppdragsgivaren/arbetsgivaren tillämpar.

De tre basstrategierna handlar inte främst om marknadsföring som man kanske skulle kunna tro, även om marknadsföringsmetoderna också påverkas av valet av konkurrensstrategi. Nej, det handlar om hur man organiserar företaget **i stort** för att leverera det värde man erbjuder sina kunder. Beroende på vilken av de tre allmänna konkurrensstrategierna man väljer följer att resten av verksamheten måste rättas in i ledet efter samma linje för att nå framgång:

De tre basstrategierna är:
1. Kostnadsöverlägsenhet
2. Differentiering
3. Fokusering

Det är alltså ett grundläggande val som handlar om hur man ska organisera verksamheten för att vara *1. "billigast", 2. "annorlunda" eller 3. "specialist"*, som jag brukar säga. De orden är lättare att se framför sig även om det inte är exakta synonymer till Porters ursprungliga termer.

Tanken med de tre konkurrensstrategierna

I det första fallet organiserar man sig för att konkurrera genom att vara "billigast" på marknaden, som t ex IKEA, Lidl, Ryan Air, Briggs & Stratton. Låga kostnader, volymproduktion, massmarknadsföring är några viktiga faktorer för att lyckas. Det ger vanligtvis små marginaler och kräver därför en hög marknadsandel. Man behöver inte nödvändigtvis erbjuda lägsta pris, men når framgång genom att göra allt för att hålla kostnaderna nere.

I det andra fallet riggar man företaget för att kunna erbjuda något "annorlunda" som totalt sett uppfattas som unikt på marknaden av kunderna. Det kan vara design, sortiment, märkesprofil, service eller annat som tillsammans ligger till grund för att bli kundernas favorit, som i exemplet med Volvo personbilar vi nämnde tidigare. Apple har också lyckats på detta sätt, kanske främst tack vare sin användarvänlighet inom datorer, telefoni, TV och musik. Volvo och Apple är långt ifrån billigast på sina marknader, men kombinationen av det totala utbudet gör deras kunder köptrogna. Med denna konkurrensstrategi kan det bli bättre vinstmarginaler, men är svårare att få en hög marknadsandel samtidigt som man också måste hålla kostnaderna under kontroll.

Den tredje grundstrategin innebär att företaget fokuserar på en viss kundgrupp, en speciell del av sortimentet eller en geografisk marknad och organiserar sig därefter. Avsikten är att på så vis kunna tillgodose marknadens behov effektivare än konkurrenter som är billigare eller bredare i sina koncept. Man kan då ordna till företaget helt med inriktning på den valda nischen för att hålla kostnaderna låga eller erbjuda unika fördelar enligt kunden.

Exempel: Letro Sport (produkter för orienterare), Stand By AB (produkter för utryckningsfordon). Till framgångsfaktorerna hör inte bara sortiment och pris, man förväntas också ha mycket god branschkunskap och kännedom om kundernas önskemål.

Blåljusprodukter – en specialiststrategi

Beroende på vilken grundläggande konkurrensstrategi företaget väljer att använda ställer det en del olika krav på kunnande, resurser och organisation:

	"BILLIGAST" (KOSTNADSÖVERLÄGSENHET)	"ANNORLUNDA" (DIFFERENTIERING)	"SPECIALIST" (FOKUSERING)
FÖRUTSÄTTER	• Löpande investeringar	• Bra marknadsföringskunskap & grundforskning	En kombination av vidstående med inriktning mot den kundgrupp man fokuserar på
	• tillgång till kapital.		
	• Processtillverkningskunskap	• Produkttillverkning	
	• Minutiös tillverkningskontroll	• Kreativitet, nytänk	
	• Produktionsanpassad design	• Bra distribution	
	• Lågkostnadsdistribution	• Ledande image	
VIKTIGT	• Kostnadskontroll	• Samordnad FoU, produktutvveckling & marknadsföring	
	• Detaljerade rapporter		
	• Tydlig ansvarsfördelning	• Subjektiva belöningar	
	• Belöningssystem baserat på kvantitativa mål	• Attraktiv arbetsgivare för rätt kompetens	

Porters tre allmänna konkurrensstrategier

Om den valda konkurrensstrategin ska fungera fullt ut behöver företaget agera konsekvent efter den genom hela organisationen. Det påverkar inte bara produktsortiment, målgrupper och marknadsföringsmetoder utan får också inverkan på bl a personalpolitik, lönenivåer, produktutveckling, produktion, administration, butikslägen och distributionsmetoder. Det strategiska valet är alltså en fråga om man organiserar hela företaget för att vara "billigast", "annorlunda" eller "specialist".

IKEA – en lågkostnadsstrategi

Om vi illustrerar det schematiskt blir det lättare att se hur alternativen skiljer sig åt:

	"BILLIGAST"	"ANNORLUNDA"	"SPECIALIST"
KOMPETENS	BASKUNSKAPER	UTVECKLAD	HÖG
LÖN	LÄGSTA	EFTER KOMPETENS	BETALAR FÖR SPECIALISTER
PRODUKTER	BASSORTIMENT	BRETT SORTIMENT	NISCHAT
PRODUKTION	VOLYM-PRODUKTION	ANPASSAD	SPECIALISERAD
PRODUKT-UTVECKLING	KOSTNADER / EFFEKTIVITET	BREDD / FUNKTIONER	SPECIALISERAD
MARKNADS-FÖRING	MASSMARKNAD	MÅLGRUPPER	RIKTAD
KONTOR & MATERIAL	ENKELT	ANPASSAT	EXAKT

Hur företag agerar i de olika konkurrensstrategierna.

Så vad innebär det för dig?

Med kännedom om de tre basstrategierna kan du ställa rätt frågor och inrikta ditt arbete i linje med den konkurrensstrategi företaget använder. Om du möter ett företag som tillämpar:

1. **Kostnadsöverlägsenhet** (*"billigast"*): Koncentrera dig på frågor och förslag som handlar om basprodukter för en massmarknad, effektiviseringslösningar, förenklad produktion - distribution - logistik, systemtänk och samordningsvinster, kostnadsminimering (även på service, tillbehör och reservdelar). Du har en volymproduktionsindustri att förhålla dina designinsatser till med avseende på bl a tillverkningsmetoder och material.

2. **Differentiering** (*"annorlunda"*): Här har du större frihet att diskutera och föreslå nya funktioner, modeller, uttryck, målgrupper m.m. Tänk även på produktlösningar för kompletterande kringtjänster och vad du kan tillföra meta-produkten (lust, status, identitet). Även här kan det förstås vara intressant med kostnadsbesparande initiativ även om det inte är den huvudsakliga konkurrensfaktorn. Produktionen är anpassad till variation i produkter och målgrupper.

3. **Fokusering** (*"specialist"*): Mitt bästa tips är nog att du sätter dig ordentligt in i det specialområde företaget har nischat in sig på. Kunder vänder sig till specialister med höga förväntningar och det kan vara synnerligen karaktäristiska faktorer som gör skillnad. Gör noggrann research och gräv djupt i användarstudierna.

Hur vet du vilken strategi ett företag tillämpar?

Om vi tänker oss en situation där du ska träffa eller tala med en potentiell uppdragsgivare/arbetsgivare för första gången och vill tillämpa det vi nyss gått igenom är det bra att vara förberedd. Du bör i förväg ta reda på en del om deras sortiment, målgrupper och marknader liksom vanliga företagsfakta som omsättning, var dom finns, antal anställda med mera. Det mesta hittar du snabbt på nätet, men vilken konkurrensstrategi man tillämpar finns sällan uttalat.

Du får istället försöka bilda dig en egen uppfattning. Specialistföretagen är tydligast och vållar nog inga problem. Välkända företag som vi allmänt kommer i kontakt med till vardags har du troligen redan en uppfattning om och kan härleda till något av alternativen ovan. Utmaningen blir de företag som inte alltid är så lojala mot någon av basstrategierna utan framstår som lite av allt för alla samtidigt. Då kan du t ex tala med någon kontakt du känner på företaget, läsa årsredovisningar, se hur dom marknadsför sig, kolla produktsortiment, jämföra med konkurrenter, fråga kunder och anställda m.m. Då får du ett gott underlag för diskussion med uppdragsgivaren som kan leda dig på rätt spår i ambitionen att tillföra mervärde på bästa möjliga sätt.

Med dom här insikterna har du alltså 3 olika strategier att använda i din gärning för att omsätta behoven i produktlösningar som stämmer överens med hur företaget organiserat sig för långsiktig framgång.

Därmed är
du klar med
bokens första del.
Du har fått en
inblick i hur
företag
affärsplanerar och
styr sin verksamhet

"Vi vill ha det annorlunda, men likadant som vår konkurrent."

med olika slags beslut, målsättningar och planer, med benäget bistånd av andra intressenter som har betydelse för dina uppdragsgivare och därmed även för dig. Vi har gått in på Maslows modell över människans grundläggande behov som utgör drivkrafter för produktutveckling och sett hur en industridesigner kan skapa mervärden på flera nivåer.

Vi har också belyst Kotlers formel för framgångsrik marknadsföring där du som industridesigner kan tillföra kompetens i flera moment och illustrerat med matriser, grafer och modeller ett antal marknadssituationer där du kan bidra med insatser samt gått igenom Porters tre allmänna konkurrens-strategier och vad dom innebär för dig som industridesigner.

Nu känner du till ett antal strategiska situationer där du kan bidra med din kompetens och förmåga. Om dom bara visste.

I nästa del ska vi gå igenom hur du kan göra för att ta dig till beslutsrummen, medverka i diskussionerna och få uppdrag.

8

HUR DU TAR DIG TILL BESLUTEN

Du kan skapa mervärde på många sätt om du får möjlighet. Så hur får du det? Vi ska gå igenom några verktyg och metoder du kan använda för att bli delaktig i de strategiska diskussionerna med din kompetens, men först några ord om spelplanen som du kommer att verka på. Det är stor skillnad på marknaden för konsumentprodukter jämfört med producentprodukter. Ytterligare andra förhållanden råder kring tjänster. Som industridesigner rör du dig över hela spektrumet, därför kan det vara bra att ha överblick på några kännetecknande drag för de tre varianterna så du kan orientera dig i tillvaron.

Du kan få uppdrag för (eller anställning hos) företag som tillverkar och säljer konsumentprodukter. Eller för företag som inriktar sig mot yrkesmarknaden. Många gånger används produkterna du är med och skapar i båda sammanhangen, men marknadsföringsmetoder, försäljning och köpbeslut sker på skilda sätt. I din roll som industridesigner tillhandahåller du en tjänst, vilket innebär en del andra förutsättningar.

Minns du att vi tidigare diskuterade hur man finner gemensamma drag bland kunderna för att kunna formulera samma budskap till dom som kan tänkas "nappa på samma bete"?

Skilda försäljningsmetoder

Även försäljningsmetoderna skiljer sig åt som en naturlig följd av kundernas olika sätt att köpa varan. När det handlar om konsumentprodukter är det vanligtvis kunden själv som bestämmer om köpet. Kunderna är många och anonyma, köper någon enstaka grej för nåt mindre belopp och är ganska lättflyktiga ifall det finns liknande alternativ tillgängliga. Här arbetar företag främst med traditionella försäljningsmetoder även om tekniken gjort privatkunder mindre anonyma på senare tid och marknadsföringen numera ofta kan anpassas på individnivå. Köpet går i allmänhet snabbt eftersom kunden bestämmer själv.

Den här typen av försäljning kallas ibland "enkel försäljning", men det betyder inte nödvändigtvis att den är lätt att genomföra.

Inom business-to-business ("B-2-B"), alltså på producentmarknaden där produkterna ska användas yrkesmässigt, görs inköpen annorlunda.

Här är kunderna i allmänhet kända och färre till antalet, det är företag som betalar och det kan handla om återkommande stora kvantiteter och belopp. Om produkten ska ingå som komponent i ett annat system talar vi om en härledd efterfrågan, d.v.s. hur stor efterfrågan som finns bestäms av den slutprodukt där komponenten ska ingå.

Köptroheten inom B-2-B är generellt sett större än på konsumentmarknaden av förklarliga skäl. Det kan finnas inköpsavtal och kundnummer, komponenter ingår i system och långa kundrelationer etc. som gör det krångligt att byta leverantör. Här finns goda förutsättningar för relationsmarknadsföring då man vet vilka kunderna och yrkesfaktorerna är. Det är ofta fler personer som berörs av inköpet, vilket gör man som säljare kan ha hela beslutsgrupper att hantera och det kan både veckor och månader innan man kommer till avslut.

Den här typen av försäljning brukar kallas "komplex försäljning", men det betyder inte nödvändigtvis att det är svårt.

Olika köpstilar, köpprocesser och köproller

Om vi återknyter till produktlivscykeln igen, där vi diskuterade hur företag har skilda mål och syften med marknadsföringen under en produkts olika livsfaser, kan vi se några varianter på köpstilar bland konsumenter:

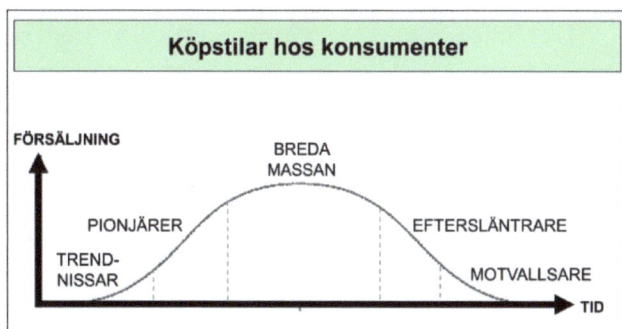

Köpstilar hos konsumenter

FÖRSÄLJNING

BREDA MASSAN

PIONJÄRER

EFTERSLÄNTRARE

TREND-NISSAR

MOTVALLSARE

TID

Även om bilden är schematisk och verkligheten inte alltid överensstämmer med en normalfördelningskurva så känner du säkert någon som alltid är först med det senaste. Därefter hakar allt fler på trenden och så småningom når produkten ut till den breda massan. Somliga av oss är mer försiktigt lagda och handlar inte förrän varan är beprövad (och kanske gått ner i pris).

Om du drar dig till minnes våra grundläggande behov (Maslows trappa) och även hur du som industridesigner kan tillföra meta-produkten sådant som tilltalar konsumenters lust, status och identitet, så kan du här nedan se exempel på hur konsumenter tar köpbesluten på lite olika sätt beroende på vad det är frågan om.

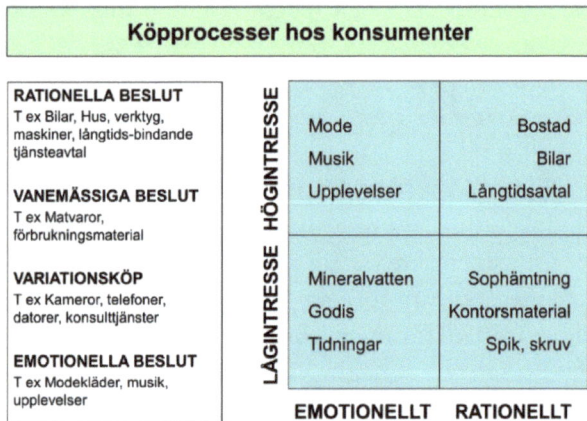

Köpprocesser hos konsumenter

	EMOTIONELLT	RATIONELLT
RATIONELLA BESLUT T ex Bilar, Hus, verktyg, maskiner, långtids-bindande tjänsteavtal **VANEMÄSSIGA BESLUT** T ex Matvaror, förbrukningsmaterial	**HÖGINTRESSE** Mode Musik Upplevelser	Bostad Bilar Långtidsavtal
VARIATIONSKÖP T ex Kameror, telefoner, datorer, konsulttjänster **EMOTIONELLA BESLUT** T ex Modekläder, musik, upplevelser	**LÅGINTRESSE** Mineralvatten Godis Tidningar	Sophämtning Kontorsmaterial Spik, skruv

Det innebär att du kan inrikta ditt val av material, uttryck, form, känsla m.m. även med avseende på vilken typ av vara det är och hur köpbesluten tas, när du designar den. Det är ju du som bygger in argumenten i produkten.

På producentmarknaden däremot, talas det mer om köproller snarare än köpstilar. Det beror på att köpbeslutet är yrkesrelaterat och fler berörs av vad man väljer. Vanligt är att någon tar initiativet ("vi borde kontakta en designer"), men flera personer blir involverade och har möjligheter påverka inköpet. Någon har det formella mandatet att ta inköpsbeslutet. Om det handlar om ett större beslut är den sistnämnda ofta någon i chefsposition som också kan ha en "grindvakt" i form av en sekreterare eller assistent med uppgift att prioritera bland alla som vill tala med chefen.

När det kommer till tjänstemarknaden är leveransen en aktivitet. Som ofta produceras samtidigt som den levereras. Det blir så att säga ett "sanningens ögonblick" när allt måste stämma för att kunden ska få det som förväntas. Även här är relationsmarknadsföring betydelsefullt om tjänsten är tätt knuten till den som utför den och försäljningsmetodikerna följer nyss nämnda mönster för konsument- respektive producenttjänster beroende på vilken slags tjänst det handlar om.

Komplex försäljning

Vi kommer från och med nu bara tala om komplex försäljning då det handlar om dig som industridesigner i jakt på uppdrag eller anställning, alternativt att få in din produkt hos någon tillverkare/distributör. Vi rör oss alltså i företagsvärlden oavsett vilken typ av produkter dom säljer, det handlar om dina tjänster i en yrkesmässig B-2-B relation. Det du gör nu ska syfta till att komma närmare ett avslut, genomföra försäljningen, få uppdraget eller bli anställd. Allt annat är marknadsföring.

Att anlita en industridesigner är ett strategiskt köpbeslut för uppdragsgivaren, av flera orsaker:

- Det påverkar deras produkter, vilket kan komma att märkas både inom och utanför organisationen.
- Uppdraget omfattar vanligtvis ett icke försumbart belopp
- Dina insatser berör andra personer inom t ex produktion, marknad, sälj och ledning
- Det kan få inverkan på företagets varumärke och image
- Projektet pågår över tid i en framtid som ännu inte är här

Beslutet är alltid förenat med en viss risk som inte ens behöver ha med dig att göra. Jag känner till designprojekt som varit föredömligt genomfört, men där tillverkaren först under serieproduktion insåg att dom inte kunde garantera rätt toleransnivå i måtten. Följden blev att produkten drogs in av säkerhetsskäl (en konsumentprodukt). I ett annat fall motverkade konkurrenterna en ny produktlansering genom att låna ut sina egna alternativ på långtidskontrakt utan kostnad till kunderna (en producentprodukt). Allt kan hända och gör det ibland.

Vi ska strax påbörja vägen till uppdrag. Hur mycket vill du ha i lön?

9

HUR MYCKET VILL DU HA I LÖN ?

Alla vill ju ha ersättning för sitt jobb. Industridesign är en tjänst som är nära knuten till den som utför uppdraget så det är osannolikt att du får uppdrag utan utan att träffa kunden. Dessutom ligger det i ditt intresse att få medverka i de strategiska diskussioner som ligger till grund för uppdraget. I det följande ska vi göra en enkel kalkyl för att se hur mycket du behöver "dra in" som industridesigner, vilket leder till en indikation på omfattningen av det säljarbete du står inför.

"Vi är öppna för tanken att betala dig..."

Siffrorna är bara exempel och gör inte anspråk på att återspegla verkligheten vid varje tidpunkt i hela landet. Det kan variera stort. Inte heller är det en fullständig beräkning för att starta eget (det kan du få hjälp med på www.verksamt.se). Du kan använda dina egna siffror i kalkylen som följer på exemplet.

Modellen bygger på antagandet att du är industridesigner med eget företag (AB). I enskild firma är egenavgifterna något lägre. Som anställd industridesigner i stort företag med egen produktförsäljning, typ Electrolux, är det helt andra omständigheter.

- **Månadslön** före skatt: 30,000 kr *(det är bara ett förslag...)*
- **Arbetsgivaravgifter** 35%: 10,500 kr. *(i skrivande stund är den i normalfallet 31,42% men vi rundar av uppåt)*
- **Kringkostnader**: 10,000 kr/månad *(t ex arbetsplats, dator, telefon, försäkring, fika, säljresor m.m., uppskatta din del om ni är flera som delar).*
- **Summa**: Ungefär 50,000 kr per månad.

Du vill kanske ha semester och det finns en risk att du blir sjuk ibland så låt oss anta att du jobbar 10 månader per år (en normal årsarbetstid i Sverige är 1760 timmar/år eller 220 arbetsdagar, alltså 11 månader eller 44 veckor, men låt oss ta lite höjd för säkerhets skull och räkna med 10 månader).

Då behöver du fakturera [12 månader x 50,000 kr] / 10 = 60,000 kr per månad exklusive lagstadgad mervärdesskatt (25%) och andra uppdragskostnader som t ex material, eventuella resor och logi. Momsen behöver du inte räkna med eftersom vi talar om B-2-B och kunden i normalfallet är ett företag som får göra avdrag för den. Med andra ord behöver du fakturera 600,000 kr per år. Så vill du att verksamheten ska ge ett visst överskott, säg 10%. Då är du uppe i en omsättning av 660,000 kr/år.

Hur många uppdrag behöver du för det? Det beror förstås på uppdragens omfattning, men låt oss för enkelhets skull anta att det är fördelat på 10 uppdrag. Ett för varje månad du jobbar. I genomsnitt på 66,000 kr/uppdrag, men det lär ju variera i verkligheten.

Nu räknar vi baklänges:

- För att få ett kontrakterat uppdrag per månad, hur många offerter behöver du få lämna? Är det troligt att du kommer till avslut på varannan? Var fjärde? Låt oss säga att du vinner var tredje. Dom andra uppdragen går till dina konkurrenter, har skjutits på framtiden eller blev inget av andra skäl.

- För att få lämna tre offerter per månad, hur många kunder måste du träffa? Låt oss säga att du lyckas varannan gång. Den andra kommer du inte i mål med, det kan många orsaker. Då måste du få till 6 kundmöten/månad.

- För att boka möten med 6 st kunder, hur många måste du tala med? Ska vi anta att du får napp på var fjärde? Dom andra tre har inget behov av dina tjänster just nu eller har andra lösningar på sina problem. Då behöver du nå 24 personer av rätt kaliber på telefon.

- Med tanke på att folk "sitter i möte", "vabbar", är sjuka, har semester, är på konferens o.s.v. - ska vi gissa att du måste lyfta telefonen i snitt ett par gånger per träff innan du har dom på tråden?

- I så fall: Om du ringer 48 samtal per månad med ovanstående utfall, har du ditt uppdrag i hamn. Det är 12 lyft på luren per vecka.

En vanlig arbetsvecka som industridesigner med eget företag kan exempelvis innebära att du jobbar ett par dagar med designprojekt, ett par dagar med införsäljning av nya uppdrag när du ringer dina samtal och har kundmöten samt en dag med administration.

Uppgift 8: Din kalkyl

Här kan du göra en enkel kalkyl med dina egna siffror för att se hur mycket du behöver "dra in" som industridesigner. Det leder till en indikation på omfattningen av det säljarbete du står inför.

- Månadslön före skatt: _____ kr

- Arbetsgivaravgifter 35%: _____kr
  (i skrivande stund är den vanligen 31,42%)

- Kringkostnader:_____kr/mån
  (t ex arbetsplats, dator, telefon, försäkring, fika, säljresor m.m., uppskatta din del om ni är flera som delar)

- Summa: _____kr/mån

Beräkning:

- [12 månader x _____kr per månad] / 10 arbetade månader = _____ kr/månad *att fakturera de 10 månader du jobbar.*

- Lagstadgad mervärdesskatt (25%) och andra uppdragskostnader som t ex material, eventuella resor och logi tillkommer.

- Årsomsättning att fakturera _____ kr per år. Plus _____% i överskott:_____kr. Det ger totalt:_____ kr per år.

Hur många uppdrag behöver du för det?

- Antagande: _____uppdrag per år
  eller _____per månad.

Nu räknar du baklänges:

- För att få _____ uppdrag per månad, hur många offerter behöver du få lämna? Är det troligt att du kommer till avslut på varannan? Var fjärde? Låt oss säga att du vinner var_____. Dom andra uppdragen går till dina konkurrenter, har skjutits på framtiden eller blev inget av andra skäl.

- För att få lämna _____ offerter per månad, hur många kunder måste du träffa? Låt oss säga att du lyckas var_____ gång. Resten kommer du inte i mål med, det kan ha många orsaker. Då är du uppe i _____ möten/månad.

- För att boka möten med _____ st kunder, hur många måste du tala med? Ska vi anta att du får napp på var _____? Dom andra har inget behov av dina tjänster just nu eller har andra lösningar på sina problem. Då behöver du nå _____personer av rätt kaliber på telefon.

- Med tanke på att folk "sitter i möte", "vabbar", är sjuka, har semester, är på konferens o.s.v. - ska vi gissa att du måste lyfta luren _____ gånger per träff innan du har dom på tråden?

- I så fall: Om du ringer _____ samtal per månad med ovanstående utfall, har du ditt antal uppdrag i hamn. Det är _____ per vecka.

10

ALLA ÄR VI OLIKA. DU OCKSÅ.

För att ta dig fram till uppdrag behöver du kunna navigera i beslutsprocesserna över tid och mellan personer. På jobbet har vi befattningar, roller och funktioner som gör det förhållandevis lätt förstå vem eller vilka som har det formella ansvaret över det problem som utgör grunden för behovet av dina tjänster, men ofta är flera personer involverade i köpbesluten och alla människor är olika.

Jag ska inte ge mig in i några psykologiska diskussioner kring orsakerna till *varför* personer är olika, men låt oss för en stund uppehålla oss lite vid det som i vart fall är öppet för ögon och öron: vanliga, friska människors normala beteenden, hur personer agerar. Det kan du ju nämligen se och höra själv.

Det har under årens lopp kommit en rad s.k. analysverktyg och metoder som används i en mängd skilda syften för att beskriva människors sätt att vara, med namn som bl a MBTI, IDI, DISC , TS m fl. Jag har själv praktiserat några av dom i syfte att formera bra grupper, rekrytera och utveckla ledare och för att få bättre säljresultat. Enligt min uppfattning är det mestadels konsulttricks, även om det "alltid finns ett uns av sanning i lögnen". Kritiker menar att validiteten är svag, felkällor vanligt förekommande och inte sällan används det i andra syften än vad den vetenskapliga grunden avsåg att mäta. Någonstans i det finstilta brukar det finnas en disclaimer som ingen läser. Många lever dock gott på det, inte minst rekryteringsbranschen.

Oavsett om resultaten stämmer enligt teorierna eller inte för en enskild person så finns det som jag ser det ändå en bra sak med beteendeprofilering: man får ett gemensamt, neutralt språk för att diskutera varandras olikheter. Det kan ju annars vara ett känsligt ämne. På samma sätt som i Bostonmatriserna ställs då ett par olika värden mot varandra. Respondenten får svara på ett antal frågor och som resultat placeras man in i någon av fyra eller fler standardprofiler med grupperade gemensamma drag.

Beteendestilar du möter

Med det som bakgrund tänkte jag som exempel illustrera några skilda beteendestilar du kan komma att möta på din väg mot uppdrag. Du kommer inte ha en susning om varför han eller hon beter sig si eller så, men genom att känna igen agerandet och anpassa dig själv därefter så märker du snart om det leder dig närmare ett uppdrag.

Just den här modellen beskriver människan ur perspektiven beteenden och känslor. Vilka ord som ställs mot varandra för att spegla skillnaderna varierar, men vanligt är att man i en dimension talar om hur "uppgiftsinriktad" kontra hur "relationsinriktad" respondenten är. I den andra dimensionen används begreppen hur "inåtvänd" jämfört med hur "utåtriktad" personen anses bete sig. Istället för inåtvänd (introvert) skrivs ibland "tänkande" eller "reagerande" och istället för utåtriktad (extrovert) förekommer bl a "agerande" och "social" som alternativa termer. Det här är verkligen ingen exakt vetenskap. Teorierna går ut på att man genom att känna igen vad som karaktäriserar de olika beteendestilarna ska kunna anpassa sitt eget agerande för ömsesidig bättre kommunikation och förståelse.

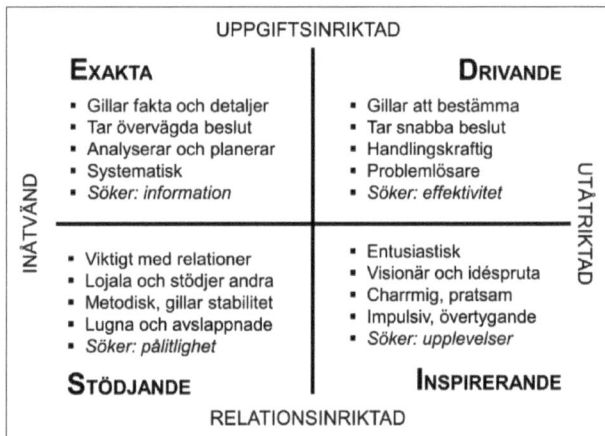

Olika beteendestilar

Du känner säkert igen några av typerna i din egen omgivning. Genom åren har det utvecklats allt mer detaljerade beskrivningar av hur standardiserade beteendestilar kan användas till grund för att sätta samman grupper, anställa medarbetare eller bli en bättre ledare. Det bör att understrykas att vi alla har lite av vardera i oss, men något av dragen brukar vara mer framträdande och det är den faktorn som är kännetecknande. Det innebär inte att man kan se på sina medmänniskor med en varsin etikett i pannan som beskriver hur en person "är" - det skulle i så fall säga mer om dig än om dom. Modellen talar inte om någons värderingar så vi vet inte varför ett visst beteende uppkommer. Inte heller mäter den intelligens, personlighet, färdigheter, erfarenheter eller utbildningsnivå. Frågan är då om du kan ha nytta av det för att lättare få industridesignuppdrag?

> *"Jag inser att du inte kan läsa mina tankar, men försök..."*

För egen del har jag nått ovärderliga resultat vid några tillfällen genom att justera mitt eget agerande efter den här typen av mallar, medan jag andra gånger inte märkt någon nämnvärd effekt. Väl medveten om att vi nu närmar oss gränsen till fördomar är det ändå värt ett försök, tycker jag. Eller rättare sagt: testa under en tid. Hur väl du lyckas beror mindre på motpartens sätt att vara och mer på hur väl du klarar att anpassa dig till dennes stil, utan att för den skull låtsas vara någon annan än dig själv. Beroende på hur man är lagd och vem man möter kan man ju hamna en bit utanför sin egen komfortzon. Det är en förmåga som vissa har lättare för än andra, men som med lite övning kan tränas upp. Så här kan du anpassa ditt eget sätt gentemot de olika stilarna:

UPPGIFTSINRIKTAD		
E		**D**

• Förbered dig väl och i tid!
• Var rak med logiska skäl
• Fokus på fakta, ej person
• Ge en detaljerad plan
  med för- & nackdelar
		• Var rak & kortfattad
		• Fråga "vad", inte "hur"
		• Fokus på resultat och
		  logiska fördelar, men inte
		  för detaljerat

• Var trevlig och personlig
• Fråga "hur", be om åsikt
• Fokus på trygghet
• Visa att du bryr dig
• Minimera risker och ev.
  behov av förändring
		• Ägna tid åt småprat
		• Fråga om visioner & mål
		• Fokus på personer
		• Var stimulerande, positiv
		• Föreslå åtgärder, men spar
		  detaljerna till skriftligt

S		**I**
RELATIONSINRIKTAD		

(vänster: INÅTVÄND — höger: UTÅTRIKTAD)

Anpassa ditt sätt

Det anknyter till det gamla talesättet att man ska "tala med bönder på bönders vis" men handlar inte enbart om att använda "rätt" slags ord och frågor. Vi kommunicerar ju även med val av kroppsspråk, röstläge, mimik, avstånd, tempo och mycket annat. Här följer några fler exempel på hur du kan anpassa ditt eget agerande beroende på vilken beteendetyp du möter.

UPPGIFTSINRIKTAD		
E		**D**
• Var sparsam med gester • Tala lugnt med stabil röst • Välj dina ord noga • Peka mot fakta, ej person • Undvik fysisk beröring		• Agera tydligt och säkert • Ha direkt ögonkontakt • Tala med stark röst • Tala i (lagom) snabbt tempo

• Tala med en mjuk ton i
  lugnt tempo
• Öppna men inte för
  yviga rörelser
• Trygg och säker blick,
  men inte för intensivt
		• Var energisk och öppen
		• Ha varierande
		  ögonkontakt, "läs av"
		• Tala med optimistisk,
		  dynamisk ton i snabb takt,
		• Le och koppla på charmen

S		**I**
RELATIONSINRIKTAD		

(vänster: INÅTVÄND — höger: UTÅTRIKTAD)

Ditt eget agerande

Den som vill kan fördjupa sig i mängder av hypotetiskt förutbestämda parametrar som sägs matcha skilda beteendestilar. Det finns fritt på internet och liksom i kurser med skilda inriktningar, men jag lämnar det till dina egna erfarenheter att fördjupa dig i ämnet och själv upptäcka om det leder dig närmare uppdrag.

11

FRÅN OKÄND TILL UPPDRAG

Du har en rolig resa framför dig! Du kommer göra många nya bekantskaper och möta människor med olika bakgrunder, erfarenheter och yrkesroller på företag och organisationer i samhället. Även om det är du som "reser" så tilldrar sig färden huvudsakligen i deras inre tankevärld. Inledningsvis kan du göra en lista med potentiella uppdragsgivare, företag som du gärna vill jobba för. Ta i ordentligt och gör en lång lista, gärna ett 50-tal företag och helst 100, av alla storlekar och i vilka branscher som helst bara du ser en möjlighet att tillföra värde med din kompetens och dom finns inom räckhåll.

Dela in listan i A-, B- och C-kunder. A-kunderna är dom du helst av allt, från djupet av ditt hjärta, vill få uppdrag av. B-kunderna är dom du gärna jobbar med men som inte tillhör drömuppdragen och C-kunderna är de företag som du gärna jobbar med, men det inte gör nåt om du missar. Lägg sedan listan åt sidan så länge.

Vi ska strax återkomma till hur du ska gå till väga. Då är det bra om du inte övar på A-kunderna med risk att tappa dom, utan hellre tränar på C- och B-kunder tills du blivit varm i kläderna, därav indelningen.

Uppgift 9: Din kundlista

A-kunder

_____

_____

_____

Etc.

B-kunder

_____

_____

_____

Etc.

C-kunder

_____

_____

_____

Etc.

Du ska nu få en karta med en bana som har ett antal kontroller och en kompass att styra mot uppdragen med, om liknelsen tillåts.

Kartan

Designvärlden har många potentiella uppdragsgivare och mängder av olika personer som kommer vara av betydelse för om du får uppdraget eller inte. Somliga är intressenter runt omkring företagen, andra är anställda i företagen och har befattningar med formella funktioner, ytterligare andra finns med på andra grunder. För att bringa lite reda i röran kan vi börja med att dela in dina kommande uppdragsgivare i

- Företag som varken har en aning om att du finns eller att dom har nåt behov av dina tjänster. Det är dom flesta.
- Företag som insett att dom har problem/behov av din typ av tjänster, från någon. Det är långt färre. Här börjar säljet.
- Företag som gått vidare till att även utvärdera olika alternativ. Ytterligare färre, men här är matchen igång.
- Företag som just står i begrepp att lägga ordern. Hos dig?

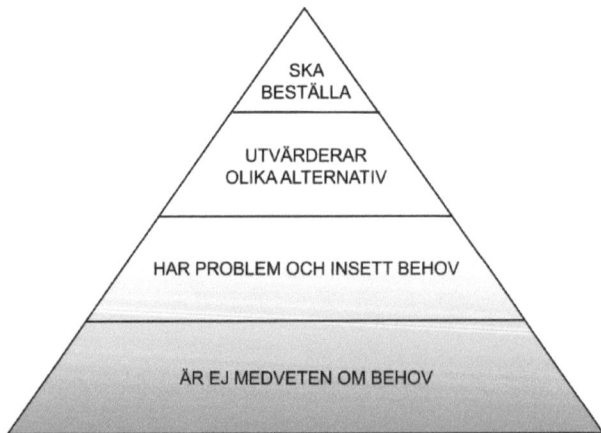

Behovspyramiden

De går alla igenom en beslutsprocess som vanligtvis involverar ett antal personer och som pågår över en längre tid, från någon vecka till flera månader. Sedan börjar den om. Det kan illustreras som bilden visar.

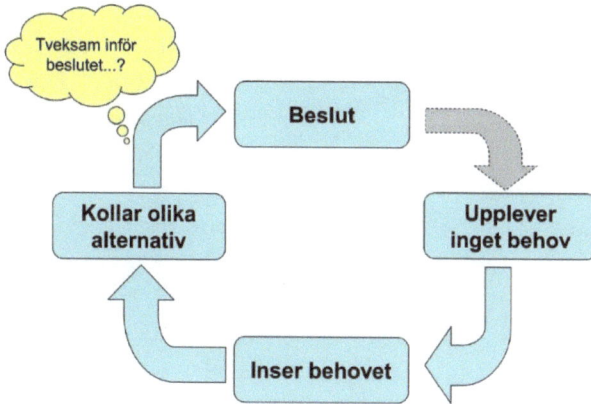

Beslutsprocessen

Banan

Du har en kundlista med personer på ett antal företag som alla befinner sig någonstans i sin beslutsprocess. I den processen har du en bana med minst 3 kontroller att passera innan du är i mål:

Start: Du och behovet av dig är okänt.

1) Samtalet. Du minns hur många lyft på telefonen du behöver göra?
2) Besöket. Det kan bli ett par.
3) Förslaget.
   Mål: Att få lämna din offert.

Kompassen du använder för att orientera i beslutsprocessen är främst frågor. Svaren kommer leda dig rätt.

Vilka vägval du gör för att komma till mål är upp till dig. Du bestämmer hur din marknadsmix ska se ut för att sprida kännedom på marknaden om att du finns i det fall behovet uppstår bland de som ligger i basen på pyramiden. Generellt sett är reklam och publicitet vanliga metoder där, men ju längre kunderna kommit i beslutsprocessen desto viktigare blir det med personlig påverkan. Du får sällan några industridesignuppdrag utan att vid några tillfällen möta rätt personer i verkliga livet..

För att gallra fram dom företag som åtminstone har insikt om att de har ett problem, där du eventuellt kan bidra med lösningen, får du jobba på många fronter samtidigt. Att hålla en god omvärldskoll, tala med olika intressenter, ringa, mingla och besöka företag och branschtillställningar är stående inslag i vardagen.

Till din hjälp ska du nu få en plan för att ta dig fram till rätt personer och tre olika frågemetoder du kan använda under resans gång för att få behovsbilden klar för dig innan du lämnar förslag eller offert.

Först går vi igenom planen, därefter vilka frågor du kan ställa för att få svar som leder dig mot avslut och sist men inte minst vad som är viktigt vid kundbesöken och när du formulerar ditt förslag och ger en offert.

Planen: Från A till B till C.

Vi diskuterade ju tidigare att man på producentmarknaden brukar tala om köproller, dvs personer som fyller olika funktioner under köprocessens gång.
Somligt är knutet till den befattning man har, andra påverkar köpet på mer informella grunder. Alla finns inte med varje gång. Det kan ju vara allt från en person till en hel grupp.

Vanliga köproller du kan möta är:

- **Initiativtagaren**, den som drar igång processen för att lösa problemet
- **Beslutsfattaren**, den som har det formella mandatet att teckna köpeavtalet.
- **Grindvakten**, ofta en assistent/sekreterare till beslutsfattaren med uppgift att prioritera bland kontaktsökande
- **Användaren**, avser den som använder produkten du industridesignar
- **Inköparen**, i de fall man har en sådan funktion hos uppdragsgivaren eller centralt
- **Påverkare**, personer utan formellt mandat att besluta men vars åsikter ändå är viktiga i organisationen

Dom flesta av ovanstående finns vanligtvis på företaget, men påverkare kan även finnas bland externa intressenter.

Den övergripande planen är att du
a) låter folk som gillar dig leda dig vidare till
b) dom som sitter med problemet, som leder dig till
c) den som får besluta och teckna avtal.

Låt oss se lite närmare på de olika grupperna:

Grupp a: "Vännerna"

Det här är personer som gillar dig och industridesign av någon anledning. Dom finns någonstans på eller kring företaget eller bland dess intressenter. Det kan vara någon du känner eller släkting som jobbar där eller någon annan kontakt, t ex en leverantör eller samarbetspartner, som på något sätt har kännedom om förhållanden och situationer hos din potentiella uppdragsgivare. Denne "någon" kan t ex jobba på lagret, i supporten, med service, på banken eller i receptionen. Det viktiga är att dom är positiva till dig och mer än gärna lyssnar när du talar.

Bland "vännerna" kan du fiska efter information och behov.
Avsikten är här enbart att få mer kännedom om företaget och dess medarbetare. Du frågar "vännerna" om vem som ansvarar för vad hos din kommande kund och vilka utmaningar dom har att hantera, t ex *"känner du till vem som ansvarar för produktutvecklingen"*, *"har du hört om det är många reklamationer"*, *"kan du föreslå ett möte"* o.s.v. Detta är grunden för ditt uppdrag: du måste få upp ett spår till något som är ett stort bekymmer för någon person, avdelning eller funktion på firman.

Du behöver inte sälja in dig själv på något sätt utan bara fokusera på att få klart för dig vem eller vilka hos din potentiella uppdragsgivare som sitter med ett problem i knät som han/hon/dom inte gillar att ha där. Som du eventuellt kan lösa. "Vännerna" kan inte ge dig uppdrag, men dom är positiva till dig och kan peka dig vidare till den person, funktion eller avdelning som verkligen behöver få en problemlösning till stånd.

Grupp b: "Probleminnehavarna"

Det här den eller dom personer som har problemet i sin vardag på företaget. De som är "drabbade" och vill komma ur situationen. Det är bland dessa personer du kommer lägga mest tid och kraft. Minns du EFI-analysen du gjorde? På liknande sätt kan du ställa frågor i en viss ordning som avslöjar missnöjet med den rådande situationen, vilka fördelar en lösning skulle ge och vad det i så fall innebär för dom och företaget. Du behöver inte påstå något, bara ställa rätt frågor. Resan pågår i kundens medvetande.

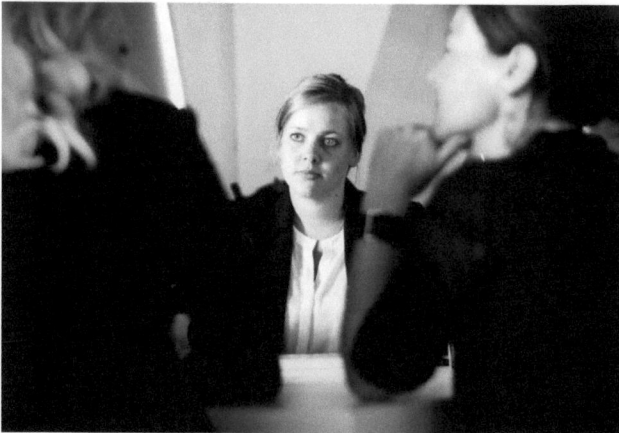

Bland "probleminnehavarna" vill du veta vem eller vilka som lider mest och utveckla det så-till-den-milda-grad att dom agerar för en lösning.

Du söker alltså inte efter vem som bestämmer utan efter dom som mest vill se en förändring. Det kan vara en säljchef, några i produktionen, på reklamationsavdelningen etc. Dom kanske inte har mandat att beställa industridesign, men om problemet upplevs som tillräckligt stort och man har tillit till dig kan dom leda dig vidare till den som har behörighet att ge dig uppdraget. Det är inte ens säkert att du behöver följa med. Dom kan mycket väl ordna ordern åt dig.

Grupp c: "Beställaren"

Det här är den person som har formellt mandat att beställa dina tjänster. Den vars budget belastas av att man anlitar dig. Om du nu drar dig beslutsprocessen till minnes så kan det vara så att den här personen fortfarande är omedveten om behovet av dina tjänster, men mer vanligt är nog att denne blivit informerad under hand.

Här vill du få uppdraget i hamn.

Har du kartan, banan, kompassen, planen och aktörerna klar för dig? Då går vi igenom några frågemetoder du kan använda under resans gång.

12

DIN PITCH

Det är inte alltid så lätt att komma på vad man ska säga när tillfälle ges. Chansen kan komma helt oväntat då du stöter på drömkunden i en hiss eller på språng någonstans.

Till att börja med är det bra att ha en "30-sekundare", eller "hiss pitch" som det också kallas. Alltså ett kort, men intresseväckande svar på frågan *"vad jobbar du med"* eller om du vill introducera dig själv snabbt och effektivt när du bara har en halv minut på dig. Bra att ha i tankarna när du möter din drömkund, favoritarbetsgivare eller någon av intressenterna kring företaget. Nu behöver du inte förklara vad industridesign är, såvida inte någon vill uttryckligen veta. Istället kan du tala om vad ditt arbete innebär, vilket värde du tillför till dina uppdragsgivare eller till användaren av de produkter du designar. Innan du börjar formulera dig kan det vara bra att fundera igenom några nyckelfrågor rent generellt

- Vilka är mina kunders vanligaste behov och hur motsvarar jag det?
- Vilka är mina unika förmågor ?
- Vad gör jag som ingen annan designer gör?
- Vilka problem löser jag åt kunderna?
- Vad innebär mitt arbete för uppdragsgivaren?
-

Din pitch bör vara kort, men ändå berätta vad du gör, för vem och vad det innebär - med så få ord som möjligt. Syftet är bara att väcka intresse för dig och dina tjänster så att du får acceptans till fortsatt kontakt, inte att sälja. Du kan utgå från det du kom fram till i EFI-analysen tidigare om du gjorde den på dig som industridesigner. Försök finna något unikt, ovanligt, intressant eller annorlunda med dig och dina tjänster så du får en följdfråga i retur och kan be om telefonnummer eller mailadress för fortsatt dialog.

Exempel: En mycket kompetent PR-konsult med ett brett utbud av tjänster brukar bara säga "jag ger mingelkurser", trots att hon gör så mycket mer. Det fångar allas intresse så hon får lätt samtalet vidare. Du kan också inleda med en fråga som visar ditt uppriktiga intresse att hjälpa kunden, t ex "jag är industridesigner specialiserad på *[kundens område]*, hur brukar ni göra med *[känt problem]* ? För att därefter fråga om ni kan ha en fortsatt dialog kring det.

En bra hiss pitch kan vara guld värd.

Uppgift 10: Mall till underlag för din pitch
Det finns otaliga varianter på pitchar. Här kan du formulera grunderna.

För mina kunder (målgrupp):

Som har dessa behov:

Erbjuder jag:

Som gör att:

Vilket innebär:

Till skillnad från mina konkurrenter:

Är jag bättre på/inom/genom:

PITCH:
Jag heter...

Och är...

Jag...   åt/för....   och...

Så att...

Jag [*unik egenskap*]....

Vilket innebär...

13
HUR DU STYR SAMTAL

Det är inte alltid så lätt att ta sig fram till och bli delaktig i de rätta besluten, men förberedelser och planering är en stor del av framgångsreceptet som industridesigner och i det här kapitlet ska vi går igenom hur du kan styra samtalen med frågor för att komma dit du vill. Frågorna är din kompass och svaren leder dig vidare.

Om du ställer *"lagom svåra frågor som kunden inte har några bra svar på"* kan du avslöja öppningar till problem och behov om kan ligga till grund för industridesignuppdrag. Men det ska bara vara **lagom** svåra frågor, du vill inte få någon att känna sig obekväm. Man får förstås både ge och ta information under dialogen, men du bör inte inte komma med några förslag till lösningar förrän du har bilden klar för dig. En inte helt ovanlig situation i tillverkande företag med försäljning av egna produkter är att säljarna säger till produktionen "om ni bara kunde anpassa produkten si eller så skulle vi kunna sälja mycket mer", medan produktionen säger "sälj dom produkter vi har". Du kan vara bryggan här, mellan användare, säljare, marknad och produktion.

Förberedelser

Du bör har förberett dig innan du ringer eller träffar en uppdragsgivare. Du förväntas redan känna till grundfakta om företaget annars slösar du både deras och din tid på sådant som är allmänt känt istället för att tala om behov som leder till uppdrag. Ju bättre förberedd du är desto bättre, men ett minimikrav är att ha koll på ekonomifakta, produkter, marknader, distributionsmetoder, kundkategorier och organisation inklusive berörda befattningshavare.

Här följer tre olika frågemetoder du kan använda för att föra samtalen dit du vill. Den första är busenkel, den andra lär du dig relativt snabbt. Den tredje kräver en del övning, men är också den mest effektiva. Ha gärna de olika beteendestilarna i åtanke samtidigt så du kan anpassa ditt sätt att fråga till hur motparten agerar.

Första frågemetoden: "7 Öppna"

Den här metoden går ut på att använda öppna frågor, d.v.s. frågor som inte går att besvara med ja eller nej. Syftet är att få motparten att berätta och beskriva med egna ord, snarare än att bekräfta/förneka. Du inleder helt enkelt dina frågor med något av orden:

1. Vad...?
2. Vem...?
3. Varför...?
4. Hur...?
5. Vart...?
6. Vilken/Vilka...?
7. När...?

Syftet är att du ska få en så klar bild som möjligt av situationen inklusive bakgrundsorsaker till varför det är som det är. Ställ följdfrågor. Stängda frågor, dvs sådana som kan besvaras med Ja eller Nej, används bara undantagsvis för att få något bekräftat.

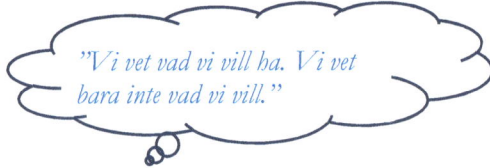

"Vi vet vad vi vill ha. Vi vet bara inte vad vi vill."

Andra frågemetoden: S.W.O.T.

Du känner kanske igen begreppet SWOT-analys, en vanlig metod för att analysera ett företags styrkor (**S**trengths), svagheter (**W**eaknesses), möjligheter (**O**pportunities) och hot (**T**hreats). Den kan också användas som frågemetodik. Principen är att börja med "ofarliga" frågor och gå mot sådant som är mer känsligt. Dom allra flesta talar gärna och länge om sitt företags goda sidor, den utveckling som sker och vad som komma skall medan man är synnerligen fåordig kring sådant man inte är så nöjd med... och det är ju där grunden för många av dina uppdrag finns.

Du kan för din egen del föra minnesanteckningar i form av stödord under samtalet där du, förslagsvis utan att rubricera de olika sektionerna så det syns, skriver svaren i "rätt ruta". Så har du en SWOT-analys klar sedan. Värt att notera i sammanhanget är då att styrkor och svagheter (vänstra delen av swot:en) är sådant som händer internt i företaget, d.v.s. sådant dom kan påverka själva. Medan möjligheter och hot (högra delen av swot:en) är händelser i omvärlden som man i allmänhet inte kan påverka, men måste förhålla sig till.

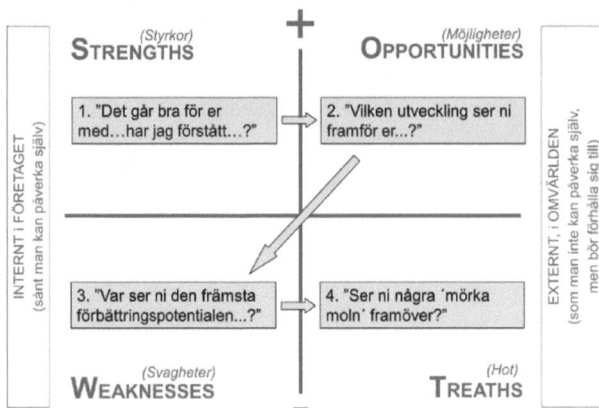

SWOT som frågemetod

Ställ **inte** för många frågor kring sådant som fungerar bra! Låt kunden bara prata av sig en stund om sina styrkor och framtidsplaner innan du på ett snyggt sätt leder in samtalet på "förbättringspotential" eller vad man vill "stärka upp" som en omskrivning för svagheterna. Där vill du tömma kunden på information, men dom vill inte gärna diskutera det så det är viktigt att du väljer dina ord väl och ställer öppna följdfrågor.

Om du kan formulera *"lagom svåra frågor som dom inte har några bra svar på"* så har du troligen ringat in ett tänkbart uppdragsområde. Hur länge du ska uppehålla dig vid svagheterna beror förstås på omständigheterna, men det ska vara tillräckligt länge för att du ska få upp några spår utan att dom blir obekväma. Detaljerna kan du ta med den som är närmast berörd vid lämpligt tillfälle.

Det här kan vara lite jobbigt för motparten så lätta gärna upp det genom att återknyta i samtalet till det som fungerar bra innan du leder diskussionen vidare till förändringar i omvärlden som kan innebära negativ påverkan. Jag brukar fråga om dom "ser några mörka moln" som är en mildare formulering.

Som industridesigner söker du inte efter "hot" på kort sikt utan mer efter bestående förändringar som riskerar att ändra företagets förutsättningar på avgörande sätt. Du kan med fördel använda D.E.N.-T.P.C. rubrikerna som i omvärldsanalysen, ifall du behöver leda in dialogen på rätt nivå, men håll samtalet lagom långt och diskutera främst det kunden anser viktigast.

Innan du tackar för dig bör du sammanfatta det ni talat om och ta bekräftelse på att du uppfattat saker och ting riktigt.

Tredje frågemetoden: Att utveckla inverkan

Den här frågeföljden kräver lite övning innan det kommer naturligt, men det handlar egentligen bara om att med hjälp av rätt frågor ("7 Öppna" och "SWOT-frågor") utveckla konsekvenserna av problemet så att kunden blir medveten om vad en lösning på situationen skulle innebära.

Du minns EFI-analysen? Den gjorde du för att mejsla fram betydelsen av en viss egenskaps fördelar, så att du talar om vad den egenskapen innebär för kunden eller användaren. Det kan vara bättre säkerhet, ökad bekvämlighet, effektivitet m.m. eller i form av tid och pengar. Det här är en likartad metod, fast med fokus på att först utveckla insikten om följderna av ett visst problem för att därefter leda kunden till insikt om vidden av det värde en lösning på problemet skulle innebära. Genom att anlita dig. För ofta tänker vi inte tanken ut och ibland finns problemet i en del av organisationen och konsekvensen i en annan.

Om du nu drar dig till minnes den övergripande planen där "Vännerna" kan leda dig till "Probleminnehavarna" som kan ta dig till "Beställaren", så kan du ställa öppna nulägesfrågor till vännerna. När du sedan träffar probleminnehavare kan du först använda swot-metoden för att skapa dig en överblick på hur dom uppfattar läget. Sen jobbar du med "7 öppna"-frågor kring de problem som föreligger och utvecklar betydelsen av dessa fram till att kunden når insikten om den verkliga värdet och kundnyttan en lösning genom dig skulle innebära. I praktiken går dialogen förstås lite fram och tillbaka, men schematiskt kan det se ut så här:

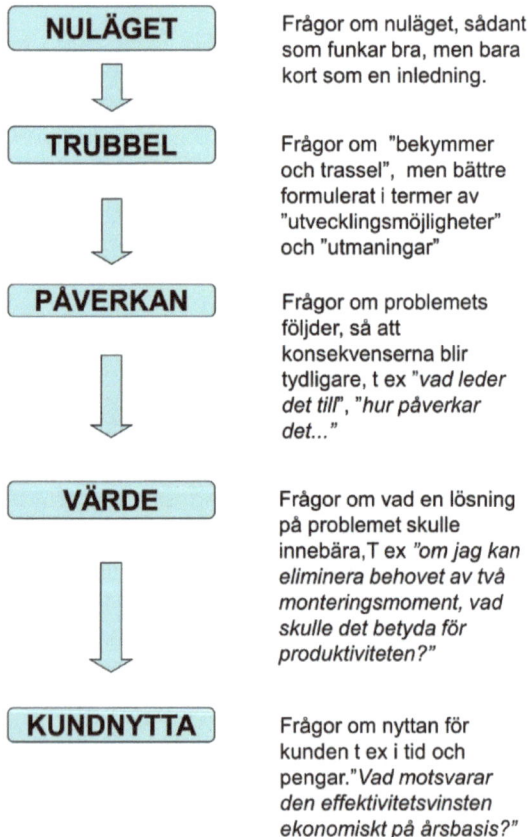

NULÄGET	Frågor om nuläget, sådant som funkar bra, men bara kort som en inledning.
⇩	
TRUBBEL	Frågor om "bekymmer och trassel", men bättre formulerat i termer av "utvecklingsmöjligheter" och "utmaningar"
⇩	
PÅVERKAN	Frågor om problemets följder, så att konsekvenserna blir tydligare, t ex *vad leder det till*", "*hur påverkar det...*"
⇩	
VÄRDE	Frågor om vad en lösning på problemet skulle innebära,T ex *"om jag kan eliminera behovet av två monteringsmoment, vad skulle det betyda för produktiviteten?"*
⇩	
KUNDNYTTA	Frågor om nyttan för kunden t ex i tid och pengar."*Vad motsvarar den effektivitetsvinsten ekonomiskt på årsbasis?"*

Frågeföljd: "Att utveckla inverkan"

När du kommer till beslutsfattaren blir det troligtvis mer tonvikt på frågor kring det värde för företaget ditt förslag skulle innebära och vilken kundnytta det innebär att anlita dig. Kanske smalnar det av mot det viktigaste i ditt förslag i en förhandling. Som du kanske noterade i bilden över kundens beslutprocess tidigare, så finns ibland en "slamkrypare", värd att notera:

Antag att du gjort allt rätt, ringat in behovet och lämnat en offert som du vet bör ligga helt rätt. Du får höra att det inte är några problem, men ändå kommer inget beställning på uppdraget. Tiden går och du börjar undra om det är nåt fel... ni var ju så överens. Då kan det vara så att kunden blivit *tveksam inför beslutet*. Det kunden brottas med är vad konsekvenserna blir av att sätta underskriften på ditt avtal.

Det är en ovanlig situation, men i det läget lönar det sig sällan att trycka på. Vad du kan göra är att erbjuda dig bistå med mer information, utröna vad osäkerheten bottnar i och påminna om det mervärde dina tjänster ger företaget och dess kunder.

14
HUR DU SÄLJER UTAN ATT "SÄLJA"

Din säljprocess och kundens beslutsprocess är
två sidor av samma mynt. Som ny för kunden har du
med den här metoden tre kontroller att passera för att
få försäljningen till stånd:

1) Säljsamtalet, som ska leda dig till
2) Kundbesöket, det kan bli ett par, där du får
   behovet klart för dig och gör att du får lämna
3) Förslag/offert, som förhoppningsvis ger dig
   uppdraget.

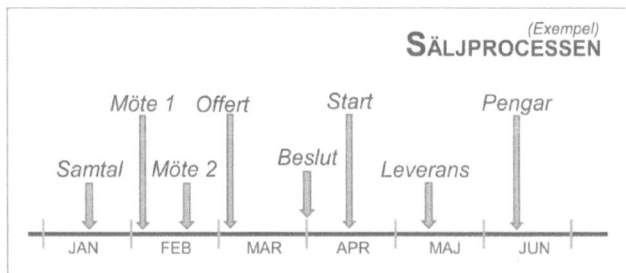

Exempel på säljprocessen över tid för industridesignuppdrag

Bilden ovan visar ett exempel på hur säljprocessen kan se ut vid komplex försäljning som industridesign, då flera personer är inblandade i och berörs av besluten. Vi ska gå igenom några saker som är viktiga i de olika situationerna.

Förberedelser

Du vet på ett ungefär hur många lyft du behöver göra på telefonen för att få till stånd tillräckligt många kundbesök för att få det antal uppdrag du behöver? Du har en kundlista med A, B och C-kunder? Börja med C-kunderna så du inte bränner några broar till kunder som är viktiga för dig. Du har en uppfattning om vilket mervärde du kan tillföra i allmänna termer så som du beskrivit i din pitch? Bra, men du ska inte använda den just nu.

Du har kanske stött på begrepp som "hot calling" och "cold calling"? Hot calling är när man har skaffat sig en del information i förväg och har ett tydligt spår att följa, en klar anledning att kontakta företaget. Ofta vet man då också vem som är rätt person att tala med. Du finner kontaktanledningar genom att tala med intressenter i och kring företaget ("vännerna"), tidningar & media, branschträffar, mingel m.m. i jakt på problem och behov där du kan bidra med lösningar. Det är mycket lättare att ringa hot calls så det är värt besväret att omvärldsbevaka. Men det är inte ett måste.

Cold calling är när du inte har någon klar anledning för ditt samtal. Det fungerar också och är en vanlig säljmetod i många branscher. Det enda som skiljer är vad du väljer att säga i andra meningen.

Säljsamtalet

Att lyfta på telefonluren och oombedd ringa någon man inte känner för att boka ett besök kan vara en jobbig uppgift för många människor innan man blivit van. En del har lättare för det än andra, men det är absolut ingen talang man måste vara född med. Vem som helst kan bli bra på det.

Själv motsvarar jag på inget sätt bilden av en traditionell försäljare, men har ändå sålt allt från avancerade konsulttjänster till sjukvårdsprodukter, hjälpmedel, rehabilitering, konferenser, hotell, resor och fasadställningsentreprenader(!) med goda resultat. En av mina styrkor är komplex försäljning, vilket industridesign också handlar om. Men en del saker har jag fått lära mig den hårda vägen:

Jag jobbade som managementkonsult på ett av de större konsultföretagen i Stockholm. Nyutbildad, ivrig och sprängfylld med det senaste inom management. Som de flesta konsulter behövde jag inledningsvis bygga en egen kundbas. Dagarna handlade om säljsamtal för att få till kundbesök på samma sätt som vi nu talar om. Jag ringde. Och ringde. Och ringde. Tills en dag när det blev tvärstopp. Jag nådde 40 av dom personer jag sökte på telefon den dagen, vilket i sig är bra.

Jag fick 40 nej. Ingen ville träffa mig. Självförtroendet sjönk som en sten och mina suckar hördes nog på kontoret för en av de mer erfarna vände sig förbarmande om och sa:

"Det här handlar inte om vad du kan. Det har ingenting att göra med din kunskap, kompetens eller erfarenheter. Telefonsamtalet handlar bara om ifall dom gillar dig eller inte. Om dom gillar dig kan ni möjligen åstadkomma underverk tillsammans. Om dom inte gillar dig blir det ingenting."

Först då insåg jag att samtalet inte handlar om att sälja in mina tjänster. Jag hade tjatat om vad jag kunde tillföra innan kunden upplevde något behov. Dagen därpå hade jag bytt fokus. Efter sex telefonsamtal före kl 09.00 hade jag fem kundbesök bokade och humöret på topp. Så hur gick det till?

Samtalet har fyra steg:

1. Den första meningen när du kommer fram till den du söker är inget problem: "Hej, jag heter *[ditt namn]* från *[ditt företag]*". Alla vill höra det.

2. Den andra meningen avgör allt.
Det kan med fördel vara "*en lagom svår fråga som dom inte har något bra svar på*". Så att du sedan kan fortsätta med någon variant på "jag är industridesigner och har en del tankar kring *[det nämnda problemet]*".

- Du kan utgå från något spår du fått upp från intressenter, media, användare eller omvärldsförändringar som du ser komma (D.E.N.-T.P.C.)
- Du kan utgå från ditt eget intresse och passion för något område
- Det kan handla om en användargrupp, funktion, produktionsmetoder, säkerhet, effektivitet eller annat som har bäring på det du gör.
- Du kan helt enkelt vara öppen och säga "jag är på jakt efter uppdrag". Fungerar förvånansvärt bra.

3. För att därefter direkt styra mot ditt mål i samtalet: "*Kan vi ses och diskutera det vidare? Passar det dig t ex onsdag om två veckor eller är det bättre med veckan efter?*"

Du ska alltså inte ge dig in i några långa, utförliga förklaringar om varför du vill träffas. Ge så lite information som möjligt, bara tillräckligt för att få ett kundbesök inbokat. Försök styra alla frågor till det kommande kundbesöket genom att förklara att "*det är just det jag vill tala om när vi ses"* och att det gör sig bättre över en kaffekopp än över telefon.

Ge gärna ett par alternativa datum som förslag. Hur långt fram det ska vara varierar. Ju större företag och högre befattningshavare, desto längre framförhållning. Jag föreslår minst ett par veckor senare, ofta 3-4 veckor. Vill man träffa en VD på ett stort företag kan det handla om ett par månader fram i tiden.

4. Avslutningsvis, när ni kommit överens tackar du för samtalet och bekräftar därefter tid och plats kring när ni ska ses i ett mail eller sms med dina kontaktuppgifter. Det är viktigt. Folk glömmer.

I samtalet ska du alltså *bara ge kunden en anledning att träffas för att kunna boka besöket, inte sälja in dina tjänster.* Poängen är att det inte spelar så stor roll vad du säger i andra meningen, annat än som lockbete för att boka besöket. Men för det syftet betyder den meningen allt. När ni väl träffas sedan ska ni nämligen inte tala om det du sagt i andra meningen. Vid det besöket ska du istället leda samtalet till att låta kunden att själv berätta om sina problem och behov, det som dom anser är viktigt.

Till hjälp finns de frågemetoder vi nyss gått igenom. Om det du angett som skäl för mötet råkar vara detsamma som kundens viktigaste behov ska du självklart ägna tiden åt det, men om kunden har mer angelägna problem som du kan lösa är det dom sakerna ni ska diskutera.

För varje nej kommer du närmare ett ja

Som framgår av baklängesräkningen tidigare, som du gjorde för att se hur många samtal och besök som behövs för att dra in tillräckligt med uppdrag för den lön du vill ha, är det här en värld av många nej och ganska få ja. Misströsta inte! Som jag nämnde inledningsvis är en av orsakerna till den här bokens tillkomst just att jag ser hur underutnyttjade industridesigner är på grund av andras begränsade insikter om vidden av din verktygslåda och vad du kan tillföra. Därför är det bättre att du, som vet vad du kan, använder information för att påverka deras attityder så att dom ändrar sitt beteende och anlitar dig.

Om din kalkyl är något sånär riktig är det bara en fråga om att lyfta på telefonen tillräckligt många gånger. För varje nej du får kommer du närmare ett ja, rent statistiskt. Som vi gick igenom tidigare har människor olika beteendestilar. Ingen gillar alla, men alla gillar någon eller några. Du behöver hitta dom som gillar dig och då kan ni möjligen göra underverk tillsammans.

15
HUR DU GENOMFÖR KUNDBESÖK

Du kommer troligen ha två kundmöten, möjligen tre innan du har uppdraget avtalat. Då talar vi om nykundsbearbetning. I en befintlig kundrelation kan man frestas att ta uppdrag för snabbt på telefon när man redan känner varandra, men då finns risken att missa målet. Kundbesöken är viktiga för att komma till tals i de strategiska besluten, för att bygga kundrelationer och för att klarlägga de verkliga grunderna för uppdraget.

Första kundmötet

Målet med mötet: *Att få tillträde till problemet*. Inte att sälja in dina tjänster. Inte att ge några förslag.

Förberedelser: Var påläst om kunden, alltså grundfakta som vi talade om tidigare och allt som har anknytning till den mötesanledning du uppgav vid telefonsamtalet, även om ni troligen kommer tala om annat. Kom i tid. Planera för eventuella förseningar med anledning av väder eller annat.

Om du får förhinder eller råkar dubbelboka dig är ingen som tar illa upp för att du vill boka om. Däremot, att komma försent till en inbokad tid är ingen bra början på en kundrelation.

Mötet: Du blir vanligtvis mött i receptionen om det finns en sådan och kanske erbjuden en kopp kaffe/thé. Eller så får du leta dig fram själv. Småprata och etablera kontakt med dom du träffar. Var beredd på att det kan vara fler som ska vara med på mötet. Vanligtvis tilldrar sig kundmöten i ett konferens- eller kontorsrum, men det är inte ovanligt att vilja visa upp sin produktion eller att man inleder med en rundtur på firman. Se det i så fall som en del i kontaktfasen då ni lär känna varandra, men låt dig inte lockas in i mötesdiskussionen redan på verkstadsgolvet. Avvakta med frågorna till ni kan samtala i lugn miljö när de rätta personerna är närvarande.

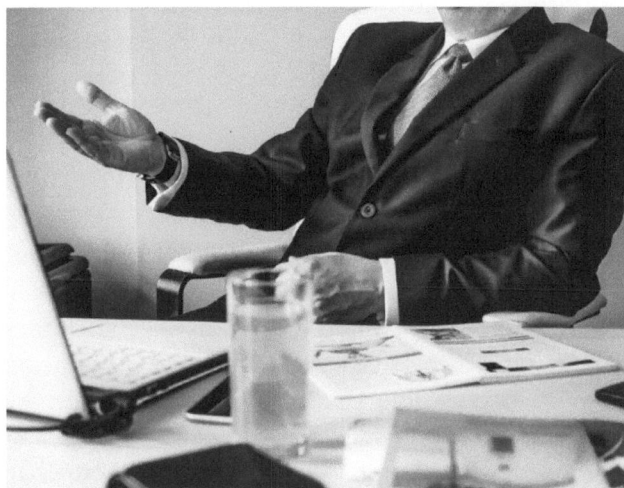

Första kundmötet: Att få acceptans och tillträde till problemet.

Sedan du hälsat på mötesdeltagarna och fått klart för dig vem som gör vad gör du

- Först en snabb presentation av dig själv. Inte längre än din hiss pitch (½-1 minut), möjligen med ett par exempel på tidigare produkter du designat. *Det här mötet ska inte handla om dig.*
- Därefter nämner du helt kort, bara i förbifarten, mötesanledningen (den som du uppgav i telefonsamtalet) och lämnar direkt över med någon variant på:
- *"Men innan vi går in på det vore det bra att få en bättre bild av hur situationen ser ut. Jag har förstått att det fungerar väldigt bra med..., vad ligger bakom framgångarna?"* Så fortsätter du enligt swot-metoden. Gå från ofarligt mot mer känsliga uppgifter. Det är bland problemen behoven finns.

Du vill få tillträde till problemen och samtidigt få koll på vem eller vilka hos kunden som helst vill ha en förändring till stånd, de vi kallar "probleminnehavarna". Väl där vill du utveckla deras upplevelse av problemen och leda dom fram till insikt om vad en lösning skulle innebära.

Till hjälp har du de frågemetoder vi gått igenom. Du låter kunden tala och styr samtalet med "7 öppna" kring de problem som nämns. Du utvecklar betydelsen av dessa problem med frågor om konsekvenserna som blir. Fortsätt att fråga t ex vilka kostnader som uppstår, hur stora intäkter som förloras eller vilka tidskrävande moment som måste till när problemen inträffar. Gå vidare med frågor om vad en lösning skulle innebära, om problemet var ur världen, för företaget. Vad är värdet för dom och deras kunder? Led dialogen ända fram till dess kunden når insikten om det verkliga värdet och den kundnytta som en lösning genom dig skulle innebära. För stödanteckningar utan att tappa ögonkontakt.

"Min budget bryr sig inte om användarupplevelser"

"Hur ser ni på...", *"Vad skulle det innebära om...?"*. *"Hur ofta inträffar..."* *"När finns det som mest behov av..."*, *"vilka är de begränsande faktorerna...?"* o.s.v. Men ge inga förslag nu. Försök inte sälja in dina tjänster än. Du vill bara få tillträde till problemet, få situationen klar för dig och vem eller vilka som är "drabbade". Om det krävs att du träffar andra personer som är berörda utöver de som finns på plats går du tillväga på samma sätt.

Innan mötet avslutas

När mötet närmar sig slutet bör du sammanfatta hur du uppfattat situationen och ta bekräftelse på att du förstått de viktigaste behoven rätt. Annars kan du hamna helt fel. Sedan ber du att få återkomma med ett förslag. Boka nästa möte nu direkt medan du har kunden vid bordet. Sätt en tid tillräckligt långt fram för att du ska hinna med att ta fram en plan. Du bör inte maila förslaget. Du vill presentera och diskutera förslaget personligen vid nästa möte.

Hemma på kammaren igen

Du sammanställer det du får veta, följer upp oklara punkter vid behov så du har läget under kontroll och funderar ut hur du tänker dig gå tillväga. Förslaget får gärna vara indelat i etapper eller faser och ska inte bara bestå av text. Det är bra om det finns en grafisk tidslinje där det finns preliminära datum eller perioder när olika moment ska genomföras, t ex användarstudie, funktionsanalys, skisser, modellframtagning, prototyp etc. Du gör dina kalkyler, men förslaget ska inte prissättas än.

Andra kundmötet

Målet med mötet: *Att "rita på samma papper".*

Den här metoden fungerar bäst när åhörarna är samlade kring ett bord, t ex i ett sammanträdesrum. Om du presenterar ditt förslag i en lokal med annan sittning får du vända dig till den som har mesta mandatet, men effekten blir bäst vid eller runt ett bord.

Nu ska du ha ett färdigskrivet förslag med dig som är utskrivet på papper i ett enda exemplar - inte fler. Samt en penna som fungerar. Förslaget ska inte enbart finnas i datorn, även om du med fördel kan presentera förslaget digitalt om det är flera åhörare som behöver se och läsa medan du talar.

Efter sedvanligt småprat återknyter du till det förra mötet och gör en kort rekapitulation om vad ni då kom fram till. *"Mot den bakgrunden har jag tagit fram ett förslag..."* och så går du igenom ditt förslag steg för steg. När du är färdig med genomgången lägger du ditt utskrivna förslag på bordet, skjuter fram det till den som har det mesta mandatet i gruppen, placerar din penna på papperet samtidigt som du frågar *"Vad tycker ni ?"* - och sedan är du tyst. Du kan få vara tyst länge. Dom funderar. Säg ingenting. Rör inte pennan.

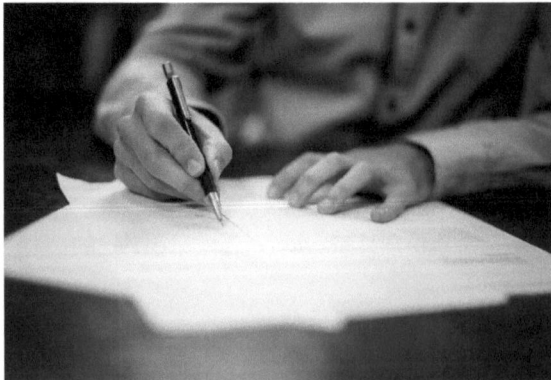

Rör inte pennan!

Till slut, efter vad du kanske upplevt som en evighet... när dom har tänkt och tystnaden börjar kännas lite väl lång, kommer någon av dom att ta upp pennan, säga någonting i stil med "om vi gör så här där, och det där då..." samtidigt som det görs en rättelse, dras nåt streck hit eller dit... med andra ord ni "ritar på samma papper", då är du i hamn. Du har lagt ett förslag som engagerar och ni samarbetar nu kring hur det ska genomföras.

Alternativet är att ingen tar pennan och det uppstår mer av en allmän diskussion, medan penna och papper förblir orört. Då ligger du troligen illa till. Dom har distanserat sig från det som lagts fram. Använd frågemetoderna för att utröna hur du kan komma på rätt spår. När någon tar upp pennan och börjar rita är du på banan igen.

När ni är överens om hur uppdraget ska genomföras sammanfattar du justeringarna och ber att få någon dag att räkna på siffrorna innan du skickar en offert med priser, genomförande och övriga villkor. Den kan du däremot maila om den inte avviker alltför mycket från ursprungsförslaget. Du behöver en del formalia från kunden till offerten. Namn, organisationsnummer, behörig firmatecknare, adress, kontaktpersoner m.m. bör vara rätt då offerten är ett juridiskt bindande dokument som kan omvandlas till ett avtal vid beställning.

Det här leder dig till den formella beslutsfattaren, den vars budget belastas av att man anlitar dig. Där finns några olika scenarion:

I bästa fall har denne redan varit med på mötena och vet vad det handlar om. Då är din offert på rätt ställe. Eller så kommer "probleminnehavarna" ta din offert till maktens korridorer, eventuellt får du följa med eller så tas det beslut utan din närvaro på ett ledningsmöte eller liknande tillfälle.

Det kan naturligtvis komma till förhandling. Det är ett brett ämne som ligger utanför den här bokens omfattning, men du kan alltid använda samma frågemetoder med tyngdpunkt på det värde och kundnytta du tillför för att övertyga beslutsfattaren att anta anbudet.

Dags att vi ser på några punkter som är viktiga när du skriver offerten.

16
OFFERTEN

När du lämnar en offert, eller anbud som det också ofta kallas, inför ett uppdrag så är det ett skriftligt underlag som beskriver vad du erbjuder dig göra mot en viss ersättning så som du specificerat i offerten. Den är att anse som en viljeförklaring från din sida som kan ligga till grund för en accept från uppdragsgivaren, vilket i så fall innebär att ni ingått ett avtal där båda parter påtagit sig juridiskt bindande konsekvenser.

Jag ska inte ge mig in på juridikens område, men avtalsrätt är ett komplicerat ämne som lätt förbises eftersom parterna av förklarliga skäl är överens när avtalen skrivs och båda är ivriga att uppdraget ska gå igång.

En offert och avtal om industridesignuppdrag kan naturligtvis formuleras på många olika sätt. Det är vanligt att större företag har egna villkor för upphandling och inköp som du måste förhålla dig till, medan det kan vara friare tyglar när du samarbetar med mindre och medelstora uppdragsgivare. Jag rekommenderar att du går igenom din situation med en affärsjurist och inte använder standardmallar från internet.

Här följer några punkter att tänka på från mina erfarenheter och formuleringar. Det innebär inte att dom fungerar i varje sammanhang, men kan förhoppningsvis vara till hjälp för somliga.

Formalia som bör finnas med i offerten

- Ditt företags namn, eventuell logotype, adress, kontaktperson, F-skatt- & momsregistrering, kontaktuppgifter, organisationsnummer.

- Kundens företags namn, kontaktperson, adress, kontaktuppgifter, organisationsnummer.

- Bakgrunden till uppdraget: En kortare beskrivning av vilka som är parter i avtalet, vad som föranlett uppdraget och vad det syftar till, avslutat med "Mot denna bakgrund har parterna tecknat följande avtal:"

- **Beskrivning av hur uppdraget ska genomföras.**

Jag ser fördelar med att dela in uppdragen i etapper där parterna "har rätt att avbryta samarbetet efter avslutad etapp". Köpbeslutet blir då mycket lättare att ta för uppdragsgivaren och båda parterna kommer igång med ett samarbete där man lär känna varandra utan att någon känner sig inlåst i ett långt projekt ifall det av någon anledning inte fungerar.

Du har redan från första etappen ett stort försprång gentemot eventuella konkurrenter då du får kunskap uppbyggd kring projektet och relationer med berörda medarbetare på företaget. Det ska mycket till för att avbryta ett påbörjat samarbete så risktagandet för din del är enligt min mening inte särskilt stort, men oförutsedda händelser kan naturligtvis inträffa.

Så här kan uppställningen se ut:

Etapp 1
Beskrivning.
Investering: (pris för etappen exkl. moms)

Etapp 2
Beskrivning.
Investering: (pris för etappen exkl. moms)

Etapp 3
Beskrivning.
Investering: (pris för etappen exkl. moms)

Osv.

Totalt Summa: kronor (exkl. moms)

- Preliminär tidsplan (gärna en grafisk tidslinje där det framgår under vilka perioder de olika etapperna är tänkt pågå)

Allmänna villkor

- Giltighetstid: Denna offert är giltig t.o.m. …….. (+ eventuellt: "därefter med reservation för eventuella förändringar").
- Uppdragsgivaren har rätt att avbryta uppdraget efter avslutad etapp (om du etappindelat uppdraget och vill erbjuda den möjligheten)
- Lagstadgad mervärdesskatt tillkommer, liksom eventuella kostnader för material, resor och logi.
- Betalningsvillkor: … dagar från fakturadatum. Betalning ska ske till vårt bankgiro/plusgiro…

Leveransvillkor

Hur ska ditt uppdrag visualiseras och levereras? När och till vem? Vad ska gälla beträffande eventuella ändringar i uppdraget under pågående projekt? Vem har rätt att beställa justeringar i genomförandet och hur ska det dokumenteras?

Sekretess

Båda parter kan komma att ta del av varandras konfidentiella uppgifter och handlingar. Vad ska gälla kring detta? Förvaring och återlämnande?

Tvister

Det här är ett viktigt område att tänka igenom när man erbjuder en komplex tjänst som industridesign. Omständigheter kan förändras och människor uppfattar överenskommelser på skilda sätt. Hur ska tvister lösas? Ofta går det att komma överens genom kompromisser och förlikningar, men ibland är meningsskiljaktigheterna så stora att det blir fråga om rättsliga åtgärder. För att i möjligaste mån undvika det har jag tillämpat en formulering som ålägger parterna att först försöka samsas:

"Eventuell tvist i anledning av detta avtal skall i första hand lösas genom samråd mellan parterna. I andra hand genom skiljedomsförfarande med en skiljeman som parterna kan enas om. I tredje hand vid allmän domstol i Stockholm."

Det innebär att man faktiskt måste sansa sig och visa att man aktivt försökt komma överens även om känslorna svallar, innan det kan bli aktuellt med annan tvistelösning. Ett skiljedomsinstitut har vanligen tre skiljemän, vilken kan bli kostsamt så om man kan enas om en blir det mindre dyrt för alla. Slutligen är det bra att fastslå vilket lands lagar som gäller för uppdraget och var tvisten ska lösas.

Vidare har jag ibland begränsat eventuella ersättningsanspråk med formuleringen: *"Eventuella skadeståndsanspråk eller ersättningskrav i anledning av detta avtal begränsas till maximalt den summa offerten omfattar"*, men det innebär i så fall att samma sak gäller för båda parter.

Jag kan inte nog understryka betydelsen av goda relationer, nära samarbete och ett väl genomarbetat avtal. All tvistelösning med rättsliga instanser kostar mycket tid, kraft och pengar för alla berörda.

Rättigheter och royalties
Om ditt arbete resulterar i patent, mönsterskydd eller immateriella rättigheter, vem ska bekosta det och i vems namn registreras verken? Patentansökningar kan kosta en hel del. Om du är upphovsman kan det vara bra att inte *överlåta* dina rättigheter utan hellre *upplåta* dom under en viss tid och förutsättningar. Frågan om royalties och ersättning kanske inte kan bestämmas redan vid avtalets tecknande, men man kan komma överens om att det ska regleras i separat avtal i senare skede.
Redan när du funderar på hur du designmässigt ska lösa specifika funktioner som din produkt ska

kunna utföra kan det vara bra att se om du kan
åstadkomma detta med formgivning, snarare än via
teknisk konstruktion.

I det fall funktionen är
tätt   knutet   till
formgivningen   kan
mönsterskyddet bli väl så
starkt som ett patent, men
till väsentligt lägre kostnad.

Greppet · Lena Lorentzen Design

För anställda gäller lag 1949:345 om rätten till
arbetstagares uppfinningar. Det finns även ett
Uppfinnaravtal tecknat mellan Svenskt Näringsliv och
PTK, Privattjänstemannakartellen.

Underskrifter

När förslaget är i offertstadiet är det du som
undertecknar och vid accepterad offert undertecknar
köparen.

- Antal exemplar: *"Detta avtal har upprättats i
  två exemplar varav parterna tagit var sitt."*

- En beställningsrad så uppdragsgivaren
  enkelt kan acceptera offerten: *"Denna
  offert accepteras härmed:..."*

- Ort............   Datum....../.......

- Underteckning säljare + köpare

- Namnförtydliganden

- Observera att det måste vara en behörig
  firmatecknare som skriver under för båda
  parter.

Därmed hoppas jag du fått en guide till de strategiska besluten i företag och ser hur du kan medverka till en positiv utveckling på många olika sätt och ur flera skilda perspektiv med din unika kompetens. Du har fått inblick i hur företag styrs, fem inriktningar till grundläggande behov och tre strategier för uppdrag, en struktur för att se möjligheter i omvärlden och en formel för framgångsrik marknadsföring där du kan bidra i flera delmoment.

Du har också ett antal metoder till stöd för att styra samtal, en plan för hur du tar dig fram till rätt personer för att kunna vara delaktig i utvecklingen med din kunskap från flera perspektiv samt tillvägagångssätt för att driva dialogen till den punkt uppdragsgivarna inser betydelsen av dina insatser och det värde du skapar. Avslutningsvis har vi gått igenom hur du säljer utan att "sälja", hur du kan agera vid kundmöten för att lägga fram dina förslag och gått igenom några punkter som är viktiga att överväga när du skriver dina offerter.

17
EN MARKNADSPLAN FÖR DIG

Innan vi skiljs åt vill jag ge dig en struktur till en marknadsplan för dig som industridesigner. En hel del av innehållet har du redan tagit fram i bokens olika uppgifter och övningar. Här följer ett enkelt format för att sammanställa det tillsammans med en del kompletteringar du får göra efter eget tycke, främst då vilka aktiviteter du vill ha med för att nå dina mål.

Medan affärsplanen behandlar hela företagets verksamhet och mål över en längre period fokuserar marknadsplanen på de marknadsmässiga aktiviteterna och målen, vanligtvis inom det kommande verksamhetsåret. Omfattningen av marknadsplanen bör inte överstiga mer än några A4-sidor, fördjupningar och analyser kan hänvisas till bilagor.

Upplägget har fyra steg:

1. Nuläge
2. Målsättningar
3. Aktiviteter
4. Uppföljning

MARKNADSPLAN

✓ NULÄGE
✓ MÅL
✓ AKTIVITETER
✓ UPPFÖLJNING

Nulägesbeskrivning

En kort bakgrund följt av en redogörelse för var företaget står idag med affärsidé och de resurser du har till förfogande. Därefter en beskrivning av hur marknaden ser ut med kunder och de behov som ligger till grund för dina tjänster, en konkurrentanalys och beskrivning av de viktigaste intressenterna. Här kan du med fördel tillämpa några Bostonmatriser för åskådliggörande. Vidare en omvärldsbedömning (D.E.N.-T.P.C.) med klargörande av hot och möjligheter. Ett vanligt sätt att sammanfatta nuläget är att visualisera det i en S.W.O.T-analys.

Målsättningar

Här beskriver du de marknadsmässiga målen, dels kvantitativt i form av t ex omsättning, antal kunder, antal uppdrag, marknadsandel (om du kan få fram det) och gärna även kvalitativt i fråga om kundnöjdhet, synlighet i media, attitydmål (vad man tycker), beteendemål (t ex antal förfrågningar, lämnade offerter) m.m. Minns att det ska vara realistiska och mätbara mål.

Aktiviteter

Vilka marknadsföringsaktiviteter ska genomföras för att nå målen? Hur ska nödvändig information om målgrupperna inhämtas? Vilka marknadsföringsmetoder ska tillämpas och i vilken marknadsmix? Hur ska det kommuniceras, till vem/vilka och vad ska vara de viktigaste budskapet/budskapen? Kort sagt, hur tänker du dig bearbeta marknaden, det är vad som ska avhandlas här.

Uppföljning

Här redogörs för hur man tänker sig gå tillväga för att veta att man är på rätt spår. Vilka är de viktigaste faktorerna att följa upp? När ska det kontrolleras, hur ofta, av vem och på vilket sätt? Det kan behöva inhämtas resultat av genomförda marknadsföringsinsatser för att presenteras på t ex styrelse- eller ledningsgruppsmöten vid vissa tillfällen. Vem rapporterar vad till vilka? Vad ska ske vid större avvikelser från planen?

Ja, det är ett exempel på upplägg av en marknadsplan jag själv tillämpat genom åren. Den som vill har goda möjligheter att fördjupa sig i ämnet på internet och i traditionell affärslitteratur, men minns att en plan är en plan precis som en karta är en karta och när det inte "stämmer" så är det verkligheten som gäller.

Med dom orden vill jag önska dig lycka till. Du är den som skapar världen. Gör det nu.

OM FÖRFATTAREN

Curt Landin har regelbundet föreläst på Mittuniversitetets avdelning för industridesign om "Marknadsföring & Komplex Försäljning" och "Entreprenörskap med Akademiskt Förhållningssätt" för avgångs- & masterklasser och tidigare bl a drivit industridesignföretaget Landin Lorentzen Design AB i 10 år tillsammans med Lena Lorentzen, professor i industridesign.

Han är i grunden marknadsekonom och ingenjör och har verkat inom privat, offentlig och ideell sektor i roller som styrelseledamot, VD, verksamhetschef, marknadschef samt som managementkonsult i många år med uppdrag inom strategi, ledarskap, marknadsföring & försäljning för tillverkande och tjänsteproducerande företag.

Han gillar även orientering, lagar ren mat och drar gärna ett ackord på gitarren. Mer information : www.curtlandin.com.

REFERENSLITTERATUR

Kotler, Philip: "Principles of Marketing", Prentice Hall, ISBN: 0-13-165903-0

Kotler, Philip: "Marketing Management", Prentice Hall, ISBN: 0-13-261363-8

Porter, Michael E.: "Konkurrensstrategi", ISL Förlag, ISBN: 91-7698-000-6

Rackham, Neil: "Kundstrategier", Ekonomiförlagen, ISBN: 91-21-60030-9

Rackham, Neil: "Personlig Försäljning", Liber Hermods, ISBN: 91-23-01238-2

Feurst, Ola: "Praktisk Marknadsföring", Studentlitteratur, ISBN: 91-86460-62-5

DISCLAIMER

Denna bok är skriven i utbildande syfte för att ge allmän information om och generell förståelse för det som avhandlas i texten. Det är baserat på författarens egna erfarenheter och uppfattningar och därmed inte nödvändigtvis tillämpbart i alla situationer och sammanhang. Beskrivningar av metoder och tillvägagångssätt är av övergripande karaktär och förekommer endast av informativa skäl för att illustrera ämnet. De är inte att anse som fullständiga instruktioner, ersätta annan litteratur eller för att garantera ett visst resultat vid eventuell tillämpning av de råd som ges. Bilder i boken används under Creative Commons CC0 Licence från bl a www.pixabay.com, www.pexels.com, www.dreamstime.com eller med rättighetsinnehavarens tillstånd.

EGNA ANTECKNINGAR

EGNA ANTECKNINGAR

EGNA ANTECKNINGAR

EGNA ANTECKNINGAR

www.ingramcontent.com/pod-product-compliance
Lightning Source LLC
Chambersburg PA
CBHW040125270326
41926CB00001B/19